目　　次

JN196536

はじめに

データ・まちの声・未来像の発刊にあたって
～住む人の声を大切にしたくて「我がまちシート」と名付けました～

検討の背景とその範囲

　この国は現在大きな変化の中にあります。生まれる子供の数が減り、65歳以上の年齢比率は増し、そして人口は減り始めました。人口構造の変化は、改革のうねりとなって社会保障制度やコミュニティなど、社会全体の枠組みや仕組みに大きな影響を及ぼしています。超高齢社会…人口減少社会…社会的孤立や貧困に象徴される格差などの問題に、地域によっては買い物先や移送手段の確保、集える場の不足といった生活環境の課題が相まって、その町で暮らす人々を直撃しています。現実のリスクを語る言葉として介護をはじめとした「○○難民」も、耳慣れたものになってきました。

　そんな中、国の大号令でスタートしたのが地域包括ケアシステム構築。住民が老後も安心して過ごせる町づくりの仕組みとして大きな期待が寄せられます。ただし、区市町村のやるべき工程は示されていますが、自治体の財政と地域マネジメント力に委ねられた感もあり、現場では先行き不透明な空気が流れています。複雑多様化する地域のニーズを解決していくためにできることは…これまで支援センターのネットワーク委員会では、地域包括支援センター職員が取り組む地域との連携やネットワークづくりに焦点を当て、ヒント集の発行や研修を実施してきました。今回は、次のステップとして、どうも今ひとつ腑に落ちず、よく分からなかった「地域アセスメント」→住民主体で「地域づくり」に取り組むまでの段階を主に議論してきました。

高齢化率だけではわからない…客観的データだけでは見えない地域

　様々な研修資料や文献から、客観的データに基づく地域の特徴や、その数値の持つ意味の解し方については理解してきたつもりでした。しかし、実際に住民の方々と地域づくりを進めていく段階では、活動の熱意がどうも盛り上がりません…地域には、高齢化率などの客観的データだけではわからない「何か」がありました。住民向けの、データに基づいた地域の説明だけではどこか他人事な感じが…「何が問題なのか？」そのことを考えれば考えるほど議論は迷走しました。一時は時代を遡り江戸のまちをモデルにした町づくりに活路を見出そうと試みましたが、時代は平成…さすがにしっくりとはきませんでした。

地域の特徴を人間の人格になぞらえた結果分かったこと

　私たちは、これまでの実践や学びの中で、様々な住民活動の成功例やそこに共通する成功要因について知識では知っています。一方で、客観的なデータやアンケート結果を中心に捉えた地域

の特徴や、課題についても地域アセスメントの結果として導き出す術は研修等で学んでいました。今回大きな課題となったのは、この二つがどうやったら結びつくのかということです。例えば「地域」を「人」に見立てたとしたら…という一見突飛かもしれませんが、この発想から今回は大きなヒントが得られました。数値的データは客観的な指標として確かに大切なものなのですが、なんとなく健診結果のようにも感じられ、そこに暮らす人々の意思や感情が浮かび上がってこないように感じられました。

地域の客観的データ＋主観的ニーズの視点と他人事から我が事への転換

　地域の客観的データだけでは、町づくりの動機付けとして住民活動を喚起しにくかった経験から、地域で暮らす住民の中で、最も環境の影響を受けやすいであろう層を「想定対象者」と仮置きし、議論を整理していきました。例えば、「80歳、一人暮らし、MCI（軽度認知障害）、年金生活」といったように、その人の目線で見た地域の捉え直しです。「坂道が多く買い物が大変」や「（橋までが遠く）橋向こうのスーパーには行かれない」といった地理的に生活環境を捉えた際に感じる「不便」や、その町で使うことのできる社会資源で「不足」に感じていること、また孤立死など地域で暮らしていくうえで感じている「不安」なこと…この３つの「不」を把握することが、地域を人に見立てた場合、感情や意向の確認に結びつくのではないか？という仮説にたどり着きます。この視点で捉えることが地域の様々な課題の共有を促し、「他人事」ではなく「自分の事」として共通した課題に転換できないかが次のテーマとなりました。住民活動が精力的に行われている地域の特徴は、地域への愛着や当事者意識、モチベーションの高さ等がみられます。地域課題の共有からどう活動に結びつけるのか…その視点は、シート作りに反映されていきます。当初は構想では、地域包括支援センター職員が地域ケア会議の企画前段階の地域課題整理用シートとして開発を進めましたが、最終的には住民の方々と一緒に作り上げていくことで当事者意識が醸成されやすくなるワークシートとしても活用できるよう工夫をしました。

こだわったのは「分かりやすさ」と共有しやすい「ストーリー性」

　検討の中核に据えてきた「地域診断」という言葉については表現にこだわりました。ひと言でいうと「住民の方に分かり難いものはこちらの意図も分かり難い」という視点です。言葉選びの視点としては、このところ「地域アセスメント」という言葉が参考資料や研修でも主流となっています。地域包括支援センターに勤務する私たち専門職ならばその意味合いも分かるところですが、地域で暮らす住民の方々にとってはまだまだ耳慣れません。また、総合事業の開始に伴い、いかに把握された地域課題に対し、住民自身が自分たちでできることに取り組んでいけるのかが主題となってきています。また、協働に不可欠な「共通言語」の視点としては、その点も視野に入れ、シートの開発においてもできるかぎり「分かりやすさ」や「使いやすさ」に重きを置きました。例えば、説明しやすくするためには「ストーリー」で語れるシートを目指し、具体的には「不安」→「安心」に、「不便」→「便利」に、「不足」→「満足」に変えていくには、誰が、何を、いつまでにどうすればよいのかが見える化できるよう改良を重ねました。とにかく項目を絞れるだけ絞ることがシート作り最大の難題でした。

住民主体で地域を創る「未来志向型」の視点と道筋

　もう一つ意識したのが時間軸です。「10年後はこんな町にしたい」という発想から今を考える「未来志向型」の視点です。そのためには放置できない地域課題を解消していかなければなりません。誰がどのように関わっていけばいいのかを想定し、期間を設定する発想はまさにケアプランでした。それは、町が寝たきりにならないよう町の強みや力を活かし、様々な立場の方々が参加・協力できる仕組みづくりを念頭に、「議論できるシート」を作り上げていく試みです。一方で、標準的に示されているビジョンから様々な施策体制がぶら下がった地域包括ケアシステムの行政計画モデルよりも、地域の自発的な取組みがビジョンに向かって進められていく流れが理想であり、「しっくりくる」ことを確認しました。そのためには分かりやすく、賛同を得やすいビジョンをどう示せるかが大きなポイントであることも実感として分かってきました。これらの議論はいくつかの地域で我がまちシートを使ったヒアリングを実施した際にも、活動動機づけのアプローチを確認する参考となりました。

我がまちシートを使ったヒアリングを実施して分かったこと

　作成段階の「我がまちシート」を活用しヒアリングを実施したところ、多くの地域で課題としてあがるのは、地域活動の担い手の世代交代でした。様々な活動を始めるに当たっても、「同世代は広がっていくが、若い世代の取り込みというのが悩ましい」という意見にはみな思わず頷かされました。また、具体的にヒアリングをしていく中で見えてきたことは、よく言われている「誰でも住みやすい町にしよう」というような何だか「うやむやしたキャッチコピー」はイメージがつき難いことでした。当たり前ではありますが具体的な取組み目標がないと先に進めないということです。また、「外から来て言われたって俺たちは俺たちのやり方がある」という意見には、長年地域を支えてきた方々のプライドが見えました。実際の地域づくりにあたっては大切にすべき人たちの存在を改めて確認できました。社会資源の不足でもこんなやり取りがありました。「不足しているものは何ですか」と尋ねたら、消防団で地域を回っていたその男性は「喫茶店だよ。喫茶店がどんどん、どんどん潰れちゃって。」と話されます。その意味をお尋ねすると、「喫茶店が潰れちゃったら、みんなで集まる場所がないじゃないか。」ということでした。ヒアリングを担当した委員の感想は、『普段地域包括支援センターの立場で仕事をしていると「さあ、皆さん集まる場所をつくりましょう。どこにサロンをつくりましょう。」とやりがちです。特に今、何でもすぐサロンだ、サロン！！　認知症サロンだ、コミュニティサロンだといって、とにかくサロンを作らなきゃいけないとか、そんな頭でいるんだけど、住んでいる本人たちにしてみると、「おまえ、そんなもん要らないよ。サロンじゃなくて必要なのは喫茶店だ。」ということらしいです…』このギャップを知れたことも聞き取りならではの大きな成果でした。もしかしたら…地域の方々と地域包括支援センター職員の「意識」と「言語」は少し違っていたのかもしれません…

学んだこと、そして見えてきた限界点と可能性

　「我がまちシート」を活用したヒアリング調査を通じて重要だと学んだことは住民が捉えている地域に対する主観的なニーズをしっかり拾っていくことでした。やはりそこには「住んでいる

人たちの生の声」があり、データだけでは拾い切れないニーズがありました。また課題も見えてきました。地域包括ケアシステムづくりは行政の計画に位置づけられた作業として進められます。トップダウンとボトムアップ…その計画の中で位置づけられた住民活動への期待は、住民自身が自発的に行う地域づくりとはテーマや領域、運用方法で食い違う可能性もあります。一例ですが、どんなにシートを使ってニーズを把握したとしても、行政の立場で政策的に進める総合事業におけるB型サービス創出への誘導が強い場合、地域包括支援センターとしては、その条件に該当しない地域住民の自主的な活動に関わりきれないといった限界点も出てきそうです。しかし、一方で、地域包括支援センターは地域ケア会議というカードを持っています。把握した地域課題が住民活動の手に余る場合は政策提言に結び付けていく取り組みも可能だということは覚えておきたい事項です。

発刊に当たりお伝えしたかったこと

　一年を超える取組みの中で再確認できたことの一番は、「地域で暮らす人々」が主語であるということです。理由はその人たちがこれからも住んでいく地域だから。当事者意識…良くも悪くもその人たち自身の地域の一員としての振る舞いや行動によって未来の地域も変わっていきます。だからこそ、その人たち自身が主体者として取組みを進めることによって、自分たちの住みたい地域を創っていくことも可能ではないかという考え方を基盤と捉えました。今回作成したヒアリングシートが地域住民と地域包括支援センターの協働作業によって創られ、同じ未来予想図を想い描いていただければ幸いです。次のステップとして、できれば作業の結果を用いて、地域ケア会議であったり、ワークショップや住民懇談会であったり、タウンミーティングの機会を広げていくことが大きな意味を持つと考えています。住民が望む「まちのかたち」のデザインは、議論によって洗練されていくのだと思います。そのことは、国が次の道標として示している我が事・丸ごと地域共生型社会の扉を開く意識づけにもなるのではないでしょうか？一方で、注意したいこともあります。忙しさにかまけて地域包括支援センター職員が単独でヒアリングシートを埋め、地域診断作業をやってしまったとしたら…地域包括支援センター職員が分析した結果だけを住民に提示するやり方では決して生まれないものがあるようにも感じています。それは形としては見えませんが「地域への興味や愛着」、「当事者意識や一員意識」、「互いの信頼関係」といったもの…あるとないとでは取組み結果が全く違ってしまう「こころ」や「捉え方の視点」の存在です。もしかすると…住民の方々と1つのツール（我がまちシート）を使って一緒に作業を行うことで、地域包括支援センター職員の意識との行動も変化していくかもしれませんね。目標となる地域像を一緒に考え、ゴールに向かって未来志向型で取り組んでもらえましたら、支援センターのネットワーク委員会委員一同最高の喜びです。この本が、地域包括ケアシステム構築の中核機関として、日々奮闘されている皆さまの一助となりますことを心より願っています。最後になりますが、ヒアリングにご協力をいただきました地域の皆様に心よりお礼申し上げます。有難うございました。

社会福祉法人東京都社会福祉協議会　東京都高齢者福祉施設協議会
センター分科会　支援センター分会　支援センターのネットワーク委員会
委員一同を代表して
足立区社会福祉協議会　基幹地域包括支援センター　**和田　忍**

＜取組みを報告する研修会を実施しました！＞

研修会の開催案内

当日の様子

※メール・FAX 両方でお送りしております

<送信枚数：1枚目/全1枚>
平成 29 年 11 月 13 日

東社協　東京都高齢者福祉施設協議会　センター分科会　支援センターのネットワーク委員会

我がまち　再発見！
地域診断について、お困りではないですか

日　時　**平成29年12月11日（月）14時00分〜17時00分**
　　　　※受付は 13 時 30 分から行います

会　場　飯田橋セントラルプラザ 12 階　東社協会議室 C・D（新宿区神楽河岸 1-1）
　　　　＜交通アクセス＞JR 線・地下鉄線「飯田橋」駅 すぐ　※地図は HP を参照

内　容
生活支援コーディネーターとして行う "地域診断 "について、「どうやって
やればいいんだろう？」「なにをアセスメントすればいいんだろう？」など、
お困りのことはありませんか。
支援センターのネットワーク委員会では、「まち
の人たちと一緒に使えるアセスメントシート」
の検討をすすめてきました。今回はこのアセス
メントシートを紹介しながら、地域の人たちと
一緒にすすめる地域づくりを考えます。

【進　　行】和田　忍　氏　（足立区社会福祉協議会）
【解　　説】加藤　昌之 氏　（公立大学法人高崎経済大学 地域政策学部）
【実践発表】かがやきプラザ相談センター（千代田区）
　　　　　　町田第 3 高齢者支援センター（町田市）

対　象　東社協　東京都高齢者福祉施設協議会　センター分科会　支援センター分会に所属する
　　　　施設の職員（役職・職種は問いません。）

申　込　参加ご希望の方は、メールもしくは東京都高齢者福祉施設協議会HP「お知らせ」より当
　　　　該研修のページに記載の申込フォームよりお申込み下さい（要 ID・パスワード）。

　▶ 東京都高齢者福祉施設協議会HP：http：//www.tcsw.tvac.or.jp/bukai/kourei/
　　　東京　高齢協議会　　　で検索！

　※参加は無料です。参加券の発行はございませんので、直接会場にお越しください。

備　考　研修会の様子を事務局が撮影のうえ、高齢協議会の Facebook 等に掲載する場合がござい
　　　　ます。不都合がある場合は、当日お申出ください。

問合せ　東京都社会福祉協議会　福祉部 高齢担当（井上）
　　　　Tel：03-3268-7172 / Fax：03-3268-0635 / E-mail：inoue@tcsw.tvac.or.jp

第 1 章

ヒアリングの構成と
我がまちシートの
使い方について

1．我がまちシート活用の一般的な流れ

　本シートは、各地域の包括支援センター職員や生活支援コーディネーター、社会福祉協議会の専門職が、地域の状況を把握しながら、地域のアセスメントを行い、そして、地域の方々と共にこれからの地域・まちのことを考えることを想定した流れで記載しています。

① 基本データの確認	①地域の基本データを把握する 　丁目単位に、人口に対する高齢者数、後期高齢者数、単身高齢者数、要支援の認定者数、要介護の認定者数を整理すると、単身高齢者数から、見守りの仕組みをどの地区で早期に構築することが望ましいのか、また、認定率の違いと変化から、介護予防の取り組みの進捗などを評価することができる。
② 歴史や地理を知る	②地域の歴史や地形、農業、建築物を確認する 　各区市町村の歴史については図書館にコーナーがあることが多い他、教育委員会が小学生向けに作成した資料、区域内の小中学校の周年誌、民生委員児童委員協議会、域内社会福祉法人等の周年誌が参考になることもある。団地やマンションの場合、入居時期や家賃（販売価格帯）の情報も参考になる場合がある。
③ 歩く	③実際に、その場所に行って歩いてみる 　シートの項目をイメージしながら歩くと、相談の為の訪問とは異なり、地域のこれからに必要な情報に気づけることがある。
④ シートに仮記入	④シートに仮記入する 　これまで得た情報を元に、専門職がシートの「主観的要素」に仮記入する。
⑤ シートに記入	⑤地域の方々とシートを記入する 　シートの「主観的要素」は空白の状態で、地域の方々とシートを記入する。 ※男女が程よく混じった構成だと内容に広がりが出やすい。
⑥ ギャップを認識	⑥仮記入していた「主観的要素」の内容とのギャップを認識する 　多くの場合、専門職が考えていた主観的要素と、地域の方々のそれにはギャップが生じている。ギャップを確認することで、よりよい関わりが持てる。
⑦ 合意を形成する	⑦記入した内容について、一緒に活動をする方々と合意を形成する 　ヒアリングした内容を整理しただけでは終わらない。 　記入した内容を一緒に確認し、合意を形成して活動に取り組む。

※⑦の合意形成については、一連の流れとして考えておりますが、本書では行っていません。

2．我がまちシートの構成

　シートの特徴として、どの市町村でも必ず公開されているデータを客観的要素とし、これに、主観的要素を整理しています。

　主観的要素の左側には【不安】【不便】【不足】を配置し、【誰が】【何を】【いつ】していくと、私たち地域の暮らしがどう【安心】【便利】【満足】につながるかを考えられるようにしました。これは、地域包括支援センターや生活支援コーディネーター、社会福祉協議会の専門職が、地域ケア会議や支えあいの地域づくりを行う場で、地域の方々が中心となって、これからの自分たちの地域をどうしていきたいか考える未来志向型で進めることを意図しています。

3．シートの活用・書き方に困ったら

　シートについては、東京都社会福祉協議会のホームページからどなたでもダウンロードが可能です。（http://www.tcsw.tvac.or.jp/bukai/kourei）ぜひ活用し、ご意見をお寄せください。私の地域でシートを使ってみたいが、手伝ってもらえないかという地域がありましたら、委員が可能な範囲で手分けして訪問したいとも考えております。巻末の社会福祉法人東京都社会福祉協議会東京都高齢者福祉施設協議会か支援センターのネットワーク委員会の各委員にご連絡ください。

（上垣　真人）

＜研修会のアンケート結果から＞
前章で紹介した研修会で実施した参加者アンケートから、以下のような声をいただきました。

・地域診断・アセスメントを理論的にも実質的（実態としても）にも学ぶ事が出来ました。（何をすればいいのか、何から…と不安でしたが。何だか元気になれました。）質と量を整理することができました。
・これまで手探り状態で生活支援コーディネーターとして地域まわりをしていましたが、今日の研修に参加したことで地域にでていくときの視点や、どうアプローチしていくべきかなど、勉強することができました。
・「地域診断」は数値的なものだけでなく、地域の歴史的背景、地理、住民の生の声を考慮しなければならないということを自覚していきたいと思った。
・各参加者よりそれぞれの所属先でどの様な取り組みをしているのか、意見を交換できたことがとても良かった。データやアセスメントの項目だけでは地域を知ることはできず、実際に住民の方々と共に考えていき、アセスメントの先の具体的な施策へと繋げていかなればならないのだということが良く分かった。
・視点の転換や道筋が立てられました。地域共生社会に向けての取り組みも感じられ、行政と対応していきたいと思いました。
・住民の方とコミュニケーションはとれるようになってきたが、一緒に考えたり、一緒につくりあげていく事が難しいと思っていたので、このツールを活用することで、地域の方と共に歩む活動ができるのかもと思う事ができました。
・住民から主観的な意見を聞く事、客観的なデータを活用することの両方が一枚で把握できる。住民と一緒に取り組みやすい、このまま使用できそうと感じた。

最初からすべての項目を埋めことは想定していません。

むしろ、地域の方々と話し合いながら記入しすることで、徐々に関わる人たちが同じ方向を見

【②客観的要素】①で決めた地区の情報。地域団体の場合、その団体が活動するおよその地区の情報。

市町村：○○市区町村			包括：第1地域包括支援センター	
客観的要素	現状（2014年4月）		地域らしさ（変えていきたいこと・	
	地区人口	2,716	緑が多い住環境に満足しているので、あまり住宅ては徒歩15分以上かかるので、もう少し便利が	
	高齢者人口	1,193		
	前期高齢者	582	地域に活動拠点が少ないため、活動を増やしたいえて欲しい。	
	後期高齢者	611		
	単身高齢者	368	自治会の枠を超えて地域のために集まったふれあ	
	介護認定率	10.9%	齢化が進んで中心メンバーは80代。次の世代に	
主観的要素	現状（2014年4月）		誰が	何を
	<不安>高齢化：認知症や介護の必要なご近所さんが増えた。自分の高齢化も心配。自治会の担い手が減り、活動が縮小中。自治会がない地域もあり、つながりができない。ゴミ置き場が散らかっていることが増え、衛生や治安上も不安。治安：夜になるとひったくり犯が出ることがある。		①ふれあいA町参加者②ふれあいA町参加者	①30近い自治会の内、ふれあいA町協力自治会は10。未参加自治会に継続的に呼びかけ②市役所のまちづくり・市民協働課に頼み、自治会の無い地区に100世帯程度毎に自治会設立を働きかける
	<不便>移動：場所によっては最寄り駅まで徒歩20分以上。バスは徒歩10分圏内。本数は15分に1本以上。買い物：徒歩圏内のスーパーがなかったが、○○病院のそばにスーパーができた。		①ふれあいA町参加者とシルバー人材センター	①シルバー人材センターの簡易版のようなものを立ち上げ、ちょっとしたゴミ出しや掃除、庭木の手入れを手伝える仕組みを考えたい。
	<不足>活動場所：活動拠点となる場所が少ない。老人いこいの家は予約が取りにくく何とかして欲しい。担い手：お祭りや学校との合同行事の担い手が減っている。		①ふれあいA町参加者②ふれあいA町参加者、社会福祉協議会③おまつりやサロン参加者	①複数の議員に働き掛け、地域センター建築を働きかけ②他市で社会福祉協議会が空き家を借り、地域活動に貸しているとの情報あり。他市を参考にした仕組みができないか働きかけ③おまつり、イベントや学校行事に絡めて参加者を募集

【④不安、不便、不足】

今抱えている、不安、不便、不足をできるだけ、参加者の言葉をそのまま記入。

シート

ることが出来るようになることを期待しています。

【①地区】どの地区についてのシートなのかを記入。小学校区以下の単位が望ましい。自治会や地域の団体を対象に行うことも可能。

地区：Ａ町二丁目地区

変えていきたくないことなど）

が増えて欲しくない。一方、スーパーが少なく、地域によっ良くなって欲しい。

が、そもそも予約が取れず、出来にくい。活動できる場が増

い A 町メンバーも活動開始 10 年になろうとしており、高バトンタッチしたい。

【③地域らしさ（変えていきたいこと・変えていきたくないことなど】
シート記入に参加、あるいは、合意形成に参加した方々の想い

いつ	将来（5年後、10年後の地域）
①毎年5月の連合会総会時 ② 2018 年中に 3 カ所を目標	<安心> 自治会加入率が現在の 30％台から 60％以上に回復。困ったときに、早めにお互いの声かけができる。ゴミ置き場が綺麗になっている。
① 2019 年頃を目標にしたい。誰が調整するかが課題。	<便利> 買い物：スーパーがもう 1 軒あると便利。 近所のちょっとした手伝いのお願いが気軽にできる。特に、庭木の手入れやゴミ出しを頼めるとよい。
① 2010 年頃〜 ② 2017 年〜 ③ 2014 年〜	<満足> ① 2013 年から、自治会館の一部にふれあいA町の新聞発行スペースができた。 ② 2019 年を目標に活動拠点を増やせるようにする。 ③健康麻雀参加者から、活動参加者発掘

【⑥誰が、何を、いつ】
現状から将来に向けて、誰が、何を、いつ行っていくかを記入。
取り組み始めていることも書くと書き出しやすい。

【⑤将来】
将来（5年後、あるいは 10年後）にどうなっていると、安心、便利、満足か。
1 年後、3 年後と身近な目標も書くと取り組みがより具体的になる。

第2章

わがまちシートを作ってみました

定価1,320円
本体1,200円
+税10%

我がまち 再発見！
データ・まちの声・未来像・ネットワークづくりのためのヒント集3
定価：1,320円（本体1,200円＋税10%）

東京都
社会福祉協議会

たいとう地域包括支援センター（台東区）

1．センターの基本情報

区市町村名／センター数	台東区／7地域包括支援センター
センター名	たいとう地域包括支援センター（委託型）
運営法人	社会福祉法人　聖風会
担当圏域の人口　65歳以上割合/75歳以上割合 （出典：2018年1月1日　台東区統計）	27,704人　（20.8%／10.9%） 担当地域：台東・秋葉原・上野・東上野・元浅草
職員体制（常勤換算）	合計7.1名　主任介護支援専門員2名・看護師1名・社会福祉士1名・介護支援専門員2.6名・認知症地域支援推進員0.5名（兼務）

台東区の人口状況

	2010年	2015年	2020年	2025年	2030年
人　　口	175,928人	198,073人	214,365人	222,928人	224,128人
65歳以上割合	23.5%	22.9%	20.8%	19.2%	18.9%
75歳以上割合	10.9%	10.8%	10.6%	11.1%	10.5%

（出典：東京都男女年齢（5歳階級）別人口の予測 - 統計データ - ）

2．地域概要

　台東区高齢者実態調査報告書参照　平成29年3月版より
・一般高齢者調査（以下、一般調査）要支援、要介護認定者を除いた65歳以上の区民
・台東区日常生活圏域調査（以下、ニーズ調査）要介護認定者及び施設入所者を除いた65歳以上の区民
・要支援、要介護認定者調査（以下、認定者調査）施設入所者を除いた要支援、要介護認定を受けた区民

（1）家族構成
　一人暮らしは一般調査、ニーズ調査、認定者調査ともに約3割となっています。

（2）住まいの状況
　一般調査、認定者調査ともに持ち家が約6割となっています。

（3）社会参加と地域活動
　一般調査では、1年間に行った地域活動等は5割の方が参加をしています。内容は趣味やスポーツ、町会・老人会など。

ビルやマンションの多い街並み

（４）ヒアリング対象地域

　道路を一本隔てると、千代田区です。JR秋葉原駅より徒歩で約10分ほどの場所になります。居住者の方も多くいますが、企業も多く夜間人口が少ない地域です。

３．ヒアリング（2016年11月22日実施）

（１）対象者

　たいとう地域包括支援センター(以下たいとう包括)から徒歩５分程度の近隣住人。長年居住している方と10年ほど前に出来たマンション居住者よりヒアリング実施。

（２）方法

　ヒアリングシートを利用。住人３人に対し、委員が１人付きヒアリングをする。

（３）ヒアリング内容

　別紙、ヒアリングシート参照

４．地域の現状と未来

（１）住まい

　マンションは38階建てのいわゆるタワーマンションです。このマンションに住む方は長くても10年ほど。子育てを終えてから、転居をしてきたという方もいらっしゃいます。子の学校関係の繋がりといったようなきっかけがないので、近隣に知り合いがいないとの話がありました。またどのような人が住んでいるのか、交流もほとんどなくわからないとのことでした。

　一方、エレベーターのない５階建てくらいのビルに居住する方もいます。50年以上、この地域で生活をしている方も多いです。ビルを建てる前は、なんとなく在宅しているのかいないのかなど生活の様子が分かったそうです。しかし今は互いに生活の様子がわかりにくくなったとの話が聞かれました。ただ長年の付き合いでもあり、気心は知れているとの話も出ました。マンションやビル居住者への見守りをたいとう包括だけではなく、地域の方とともにどうするか検討の必要性を感じました。

（２）交通機関

　鉄道はJR、東京メトロ、都営地下鉄、つくばエクスプレスの各駅が利用可能です（秋葉原・御徒町・末広町・岩本町等）バスは都バス、区内循環バスのめぐりん、千代田区循環バスの風ぐるまがあります。このように充実した公共交通機関があり、便利であるという印象がヒアリング前にはありました。

　ヒアリングの結果①循環バスルートが往復でない②区外へ出るバスルートがないとの意見が出ました。①ですが、区内は道路幅が狭く一方通行の道が多いためと思われます。しかし一方で循環バスが出来る以前と比べ、区内の移動は格段に容易になったとの声もありました。②は区外の病院がかかりつけの場合、不自由を感じているようです。たいとう包括近くに住む方は、千代田区の循環バスを利用できます。しかし文京区や中央区の近隣区へ行きたい場合、都営バスもなく電車を乗り継ぐ必要があります。人の多い駅構内を移動し乗り継ぐのは大変との話が上がりました。

　このように、交通機関は発達していますがニーズにあわないこともあります。都市部で電車も

循環バスも多くあり、一見、交通手段には困らないように見えます。しかし高齢者にとって、外出手段として利用しやすいかどうかは別であるということが判明しました。

5．まとめ

　マンションなど、転居されてきた方と長年住む方との交流については想定された地域課題でした。しかし今回のヒアリアングから、地域包括支援センターの考える一方的な地域課題と住民の考える地域課題の違いについて考えさせられました。

　一人の方から、住民同士の繋がりも大切だけれど、近隣企業とも付き合いをしたいとの話がありました。これは東日本大震災での経験からくるものでした。当時、避難所には千代田区も含む近隣企業の従業員が多く来ました。しかし備蓄は町会として準備したものであり、数にも限りがあります。今後の災害時に備え、合同で防災訓練をおこなうなど必要かもしれないとのことでした。地域包括支援センターとしては行政区単位で考えるので、近隣区も視点に入れた地域支援は考えたことがありませんでした。

　またある方からは昔からの喫茶店がなくなったため「コーヒー一杯で一日いられる喫茶店がほしい」という言葉がありました。好きな時に行き、好きな時に帰れる。行けば誰か顔なじみがいて、おしゃべりができる。これを聞いたとき、すぐサロンが浮かびました。しかし毎日サロンを開催するのは、難しい現状があります。日ごろからあるものが大切であるという、当たり前のことに気が付かされました。相談援助でもそうですが、思い込みではなく何が必要とされているのかを聞き取る姿勢を大切にした地域支援が必要だと感じました。

（向坂　修也）

我がまちシート

市町村：台東区　　包括：たいとう地域包括支援センター　　地区：台東1丁目地区

地域らしさ（変えていきたいこと・変えていきたくないことなど）

客観的要素

現状（2016年9月）	
地区人口	2,059人
高齢者人口	389人
前期高齢者	178人
後期高齢者	211人
単身高齢者	—
介護認定率	—

主観的要素

現状	誰が／何を	将来
＜不安＞ ・自宅にエレベーターがなく、上がり降りが出来なくなると生活が出来なくなる（ビル居住者）。 ・町会加入者の減少。 ・災害時、周辺の企業と連携ができるか不安。	戸建てよりも、マンションやビルの居住者が多くなっている。このため住民同士の見守りや生活の様子の把握が難しい。 周辺は企業が多く、災害時の連携が課題。東日本大震災の際に、近隣住民向けの避難場所に周辺企業の従業員も避難してきた。防災備蓄の問題もあり、今後に備えて連携の必要性がある。	**＜安心＞** ・今の自宅の近くで低層階に住み替えが簡単に出来るとよい。 ・災害時に備え、周辺企業と防災訓練をおこなえるようになる。
＜不便＞ ・循環バス（めぐりん）の本数が少ない。行きたいところに行けない。 ・区外に行くバスがない。スーパーがない。 ・不便はない。	大型スーパーではなく、小型スーパーが多い。電車は多いが、区外に行くバスが近くにない。	**＜便利＞** ・病院が多い。 ・どこにでも出かけやすい。 ・昔からの顔なじみが多く、困った時に助け合うことが出来る。
＜不足＞ ・昔からの喫茶店がなくなった。行くところがない。 ・マンション内の交流が少ない。	マンション住民と長年居住する方々の交流もだが、マンション内の住民同士の交流が少ない。積極的なつきあいを求めない方が多い様子。	**＜満足＞** ・マンションなので、人づきあいが少ないのがいい。最低限の人間関係を保ちたい。 ・近場で長くいられる場所があるとよい。

※「客観的要素」の現状はヒアリング時点の数値（未記入部分は不明）

模擬地域ケア会議 （2017年2月24日実施）

（1）参加者 （たいとう包括より、徒歩5分圏内の住民）

住人4名、民生委員1名、介護支援専門員1名、オブザーバー1名

（2）内容

ヒアリングの内容を踏まえ「住み慣れた街で生活をするには」をテーマにし、開催。

（3）意見

- ・大きな病院が近くにあり安心な一方、開業医が少ない。
- ・商店街がない。
- ・文化施設が多い。
- ・地域コミュニティに入りづらい。
- ・高齢者が住みやすいまちは、誰もが住みやすいまちだと思う。
- ・転居してきた人がわからない、町会の加入者が少なくなった。
- ・20年後のマンション内の住民のつながりに不安がある。
- ・無関心の関心でいてもらいたい。

（4）まとめ

参加者は50年ほどの居住歴のある方、マンションが出来てから転居してきた10年ほどの居住歴の方でした。当地域包括支援センターの近隣は病院が多くある印象でしたが、以前から居住する方からは廃業した開業医も多いとの話でした。スーパーは徒歩5分圏内ですが、いろいろな店で商品を選びたいとのことから、商店街がないとの話になりました。

マンション住人の方からの意見は、都市部の課題を象徴していると思えました。「無関心の関心でいてもらいたい」つまり、存在は知っていてもらいたい。しかし定期的な見守り対象者として訪問されることや、体操などの集まりには参加はしたくないとのことでした。顔は知っている程度のゆるやかなつながりがいい。ただ、20年後のマンションコミュニティが不安な思いもあるそうです。このためエレベーターに乗り、誰かいると挨拶するようにしているそうです。しかし挨拶を返してもらえないこともあるとのこと。余計な近所付き合いはしたくないと思う方は、これからも増えるのではないかと思いました。

（向坂　修也）

●コラム●

模擬地域ケア会議に参加をして感じたこと

　模擬地域ケア会議に参加し、地域で高齢者を支えようと活動をされている住民の声を聴かせていただいたことで、地域の見えていなかった姿を垣間みることができました。私たちは日ごろ利用者や家族との関わりが中心ですので、地域で防災訓練が日曜日に行われていたり、高齢者の見守り活動を町会がされている実態に触れる機会がありません。ましてや地域の高齢者を支えようと奮闘している地域の世話人が誰なのか、どこにいらっしゃるのかは利用者が意識していない限り、情報は入りません。

　最近では利用者に独居や高齢世帯が増え、家族も共働き世帯ですとなかなか連絡がとれず、家族の支えが得にくいなかでどのように日々の状態を把握していったらよいかと悩む利用者が増えてきました。また、都市部では田舎で暮らしていた高齢者を家族が引き取るものの同居は難しいと一人アパートで暮らす方も増えています。利用者や家族の置かれている状況も変化するなかで、地域のコミュニティとつながっていない方々を介護保険サービスのみで支えるのは困難です。地域のコミュニティとつながっていない高齢者と地域でコミュニティを作りたいと思っている方々をつなぐことによって、制度だけでは補えない住民間のつながり、例えば買い物ついでに声をかけてくれるような「ゆるやかな見守り」を受けることが出来たら、高齢者は安心して地域で暮らせると思います。

　そういう意味では、地域ケア会議で地域包括支援センターと住民が連携を密にすることも大切ですが、そのネットワークのなかに私たち介護支援専門員や訪問介護、または訪問看護などの医療関係者を入れていただくことは最も大切なことだと思います。地域包括支援センターだけで地域の高齢者を把握し対応することはできません。私たち支援者と地域の世話人をつなげることでネットワークの環が広がり、連携をより強固にすることで一人ひとりの高齢者を地域で支えることができると思います。

　地域包括支援センターは、コーディネイト役としての役割をますます発揮することで、地域包括ケアシステムの基盤を盤石にしていくことができると思います。

（地域の介護支援専門員）

高齢者あんしんセンター神田（千代田区）

1．センターの基本情報

区市町村名 / センター数	千代田区 / 2 地域包括支援センター
センター名	高齢者あんしんセンター神田（委託型）
運営法人	社会福祉法人　多摩同胞会
担当圏域の人口　65 歳以上割合 /75 歳以上割合（出典：2018 年 1 月 1 日　千代田区統計）	26,178 人　（20.1% /10.3%）担当地域：神田神保町・西神田・三崎町・一ツ橋二丁目・猿楽町・神田駿河台・神田錦町・神田小川町・神田美土代町・内神田・神田司町・神田多町・神田鍛冶町・神田淡路町・神田須田町・外神田・岩本町・神田岩本町・鍛冶町・神田西福田町・神田北乗物町・神田紺屋町・神田富山町・神田東松下町・神田東紺屋町・東神田・神田佐久間町・神田平河町・神田佐久間河岸・神田和泉町・神田松永町・神田花岡町・神田練塀町・神田相生町

職員体制（常勤換算）	合計　8.2 名主任介護支援専門員 2 名看護師 1 名社会福祉士 3 名保健師 1 名認知症地域支援推進員 1 名電話訪問員 0.2 名

千代田区の人口状況

	2010 年	2015 年	2020 年	2025 年	2030 年
人　口	47,115 人	58,406 人	70,997 人	81,813 人	89,087 人
65 歳以上割合	19.2%	17.0%	13.3%	11.7%	11.2%
75 歳以上割合	9.6%	8.2%	6.8%	6.5%	5.8%

（出典：東京都男女年齢（5 歳階級）別人口の予測 - 統計データ - ）

2．地域概要

（出典：平成26千代田区日常圏域ニーズ調査）

（1）家族構成

　千代田区在住高齢者全体の約25％が「1 人暮らし」となっており、性別では、女性が約76％を占めています。1 人暮らしの方のうち、18％は85歳以上です。圏域別では、神田地域は麹町地域と比較して「配偶者以外の家族も同居」の割合が高くなっています。また、配偶者や家族

と同居している方のうち、日中１人になることが「よくある」が約23％、「たまにある」は約30％となっており、１人暮らしよりも目に見えにくい「孤立」の問題が潜在している可能性もうかがえます。

（２）住まいの状況

千代田区全体では「一戸建て」の割合が約40％を占めています。麹町地域は神田地域と比較して「集合住宅」の割合が高くなっており、神田地域は麹町地域と比較して「一戸建て」の数値が約３倍となっています。今後は、バリアフリー化など住宅改修の需要が多くなることがうかがえます。また、「持家」が全体の約74％と最も多く、次に「公営賃貸住宅」が約９％、「民間賃貸住宅」が約８％となっています。圏域別では、神田地域は麹町地域と比較して「持家」の割合がやや高くなっています。

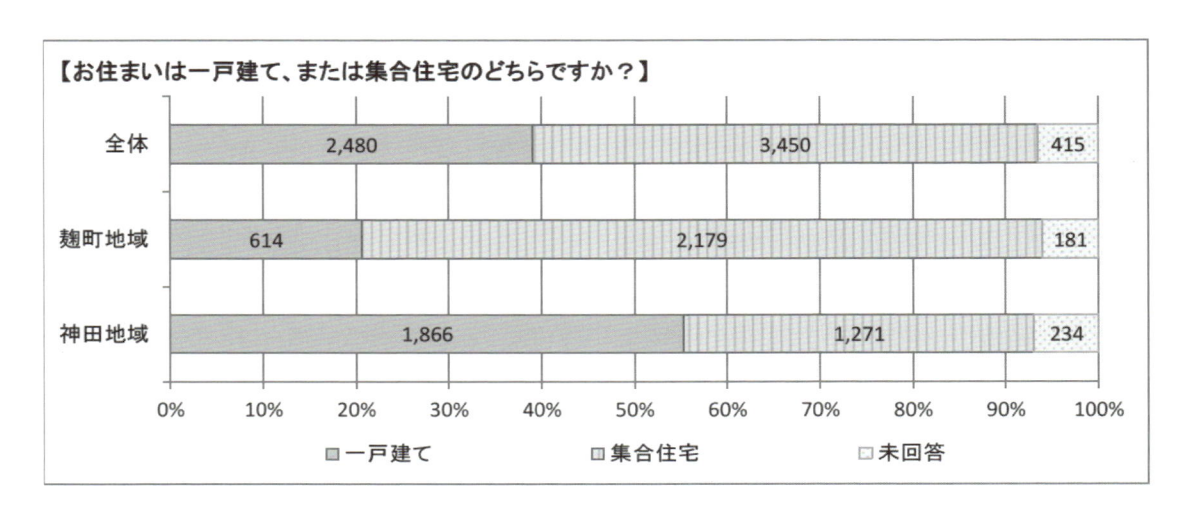

【お住まいは一戸建て、または集合住宅のどちらですか？】

	一戸建て	集合住宅	未回答
全体	2,480	3,450	415
麹町地域	614	2,179	181
神田地域	1,866	1,271	234

（３）外出の状況

千代田区全体では、高齢者の約90％が週１回以上外出しています。また、約80％がバスや電車を利用して１人で外出しています。麹町地域、神田地域ともに交通の利便性が高いことや周辺に高齢者の利用する施設が多く存在していることがうかがえます。

（４）社会参加

千代田区全体では趣味に関する活動の「参加」が他の項目に比較して高い割合となっており、ボランティアの「参加」は他の項目と比較して低い割合になっています。また、神田地域は麹町地域と比較して町会の「参加」の割合が高くなっています。この調査結果から高齢者の半数以上が趣味やスポーツ、ボランティア活動などの社会参加活動を行っていないことがうかがわれます。

ボランティアセンター発行の機関紙。ちよだ社協では、積極的に、地域活動への参加を呼び掛けています。

【町会・趣味・スポーツ・ボランティアへの参加状況】

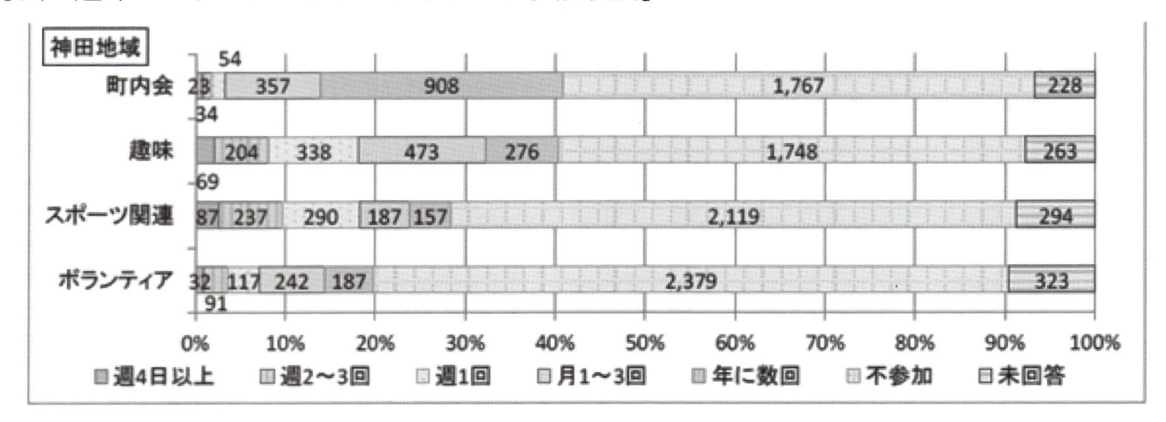

神田地域

	週4日以上	週2～3回	週1回	月1～3回	年に数回	不参加	未回答

町内会 54 / 23 / 357 / 908 / 1,767 / 228
趣味 34 / 204 / 338 / 473 / 276 / 1,748 / 263
スポーツ関連 69 / 87 / 237 / 290 / 187 / 157 / 2,119 / 294
ボランティア 32 / 117 / 242 / 187 / 2,379 / 323 / 91

3．ヒアリング（2017年2月8日　実施）

（1）対象者

　高齢者あんしんセンター神田から徒歩10分圏内にある「神田司町一丁目町会」婦人部の方々、計8名。婦人部の構成メンバーで福祉部も構成しています。長年、神田司町に居住している方々ばかりで、町会に入会している年数も何十年という方ばかりです。

（2）方法

　我がまちシートを使用。住民の方1～2人に対して、委員1名がヒアリング。

（3）ヒアリング内容

　別紙、我がまちシート参照

町会の中心を走る外堀通り

4．地域の現状と未来

（1）住居の構造的問題について

　日常生活圏域調査の数値だけでは、わかりにくい状況として、神田地域でいう「一戸建て」の住居の中には、縦に長い「ペンシルビル」が多く含まれていることが特徴的です。構造的にエレベーターや階段昇降機の設置が不可能なため、階段昇降ができなくなることで外出ができなくなり、結果的に在宅生活が困難になることが地域課題となってきています。

（2）マンションの増加による、地域社会の変化

　千代田区全体で人口は増加していますが、マンションの増加による区外からの流入が顕著な状況です。特に、再開発による大規模マンションの増加が多く、セキュリティが強固であればあるほど、地域社会とのつながりが希薄になる傾向も顕著です。それにより、町会加入者の高齢化と、マンションに入居してきた高齢者の生活実態が見えなくなっていることが課題になっています。

　また、要介護高齢者が訪問介護事業を利用する際に、在宅の本人がセキュリティを解除できないことも顕在化してきている課題です。

（3）交通機関について

　神田地域には、さまざまな地下鉄・鉄道の線路が張り巡らされています。主な路線は、以下の通り。

・東京メトロ（銀座線・半蔵門線・丸の内線・東西線・千代田線・日比谷線・等）
・都営地下鉄（三田線・浅草線・新宿線）
・JR東日本（総武線・中央線・京浜東北線・等）
・首都圏新都市鉄道（つくばエクスプレス）

　また、幹線道路には多量のタクシーも走っており、タクシー会社も多く、電話1本で、容易に利用できる環境は整っています。

　さらに、1997年から福祉乗り合いタクシー「風ぐるま」の運行が開始され、徐々に規模が拡大され、2016年にはコミュニティバスに発展しています。

　そのため、日常圏域ニーズ調査からは浮かび上がってこないのですが、ある程度ADLが低下してきた状態では、電車やバスといった交通機関は使いづらくなっていきます。地域全体のバリアフリー化、住居のバリアフリー化、外出支援のマンパワー等、多くの課題が顕在化しつつあります。

オフィスビルとマンションの狭間に建つ民家。

5．まとめ

　高齢者あんしんセンター神田が担当している神田地域は、さらに4つの出張所単位の生活圏域に分かれ、それぞれの圏域内に、約20程度の町会が存在し、神田地域だけで合計約70の町会があります。今回のヒアリングは、その中のひとつの町会からの聞き取りです。それでも、その結果の中には、日々私たちが相談業務の中で感じ取っている課題が、ストレートに表れてきていることが形にできました。

町会内の一般的な路地。どこを曲がっても、ビルとビルの狭間です。

　その一方で、ヒアリングの中で数量化できないものも強く感じ取ることができました。それは、ありていに言ってしまえば、「自分たちが長年暮らしてきた地域への愛着」です。何が不足していようが、どんな不便があろうが、「私たちの町会は良い町会よね。」と言い切る絆の強さと、暮らしている人々の大きな「安心感」。先祖代々受け継がれてきた地域に対する「愛」が、地域課題を解決していく原動力であり、「我が町」を自由にデザインしていく推進力なのだと、強く実感できました。

（金井　英明）

町会内にある「神田駅西口商店街」。神田駅から続く商店街が外堀通りにぶつかる地域が、町会圏域に含まれています。

市町村：千代田区	包括：高齢者あんしんセンター神田	地区：内神田一丁目9〜11・16〜18番地

客観的要素	現状（2017年2月）		地域らしさ（変えていきたいこと・
	地区人口	394	司町一丁目町会界隈は、江戸時代には商人や職人の家が立ち並んでいた町人たちが多く住む町でした。特に建築関係では、町内の職人だけで家を一生活に必要な八百屋や魚屋などが多く、人情味豊かな町でした。関東大震神田神社の平田盛胤宮司の命名によるもので、「司」は「者の頭領なれば、た。 昭和22年、神田区と麹町区が合併して千代田区が成立したときに「神田となり現在に至っています。町名は「内神田」になりましたが、住民組織ています。今ではオフィスビルが多くなりましたが、人情味豊かな町会で
	高齢者人口	96	
	前期高齢者	50	
	後期高齢者	46	
	単身高齢者	—	
	介護認定率	—	

主観的要素	現状（2017年2月）	誰が	何を
	<不安> ・階段のないビルの上階に居住。 ・独居。 ・日中独居。 ・高齢化。 ・かかりつけにできる外科病院がない。 ・診療所はあるが、居住している医師がいない。 ・将来自分を介護してくれる人が不在。 ・夜間の急変対応。 ・緊急時の対応。	ビルの上階、独居、等、神田地域の課題が明確化されています。「将来自分を介護してくれる人が不在」という発言も、単なる高齢化への不安ではなく、若い世代が区外へ出ていき、高齢者が残っている、地域の様子をよく表しています。 ただし、「現在、町会の中で支えあって問題を解決できている」意識が高く、将来に向けて、具体的に何かを変えていかなければならないということを考えてはいないことが特徴的です。	
	<不便> ・買い物が不便。 ・スーパーがない。 ・コミュニティバスの使い勝手が悪い。 ・外科病院が少ない。	「コミュニティバスの使い勝手」については、 不便＝交通の便が悪い ということではありません。 右側≪便利≫の欄にあるように、JR、地下鉄、タクシー、もあり、交通アクセスについては、満足感が高いのが現状です。	
	<不足> ・コミュニティバスの本数不足。 ・生協の宅配も独居には不便。高齢独居でも使える宅配システムない。 ・都バスが走っていない。	70代を中心とした町会婦人部の方々が、ヒアリングの対象だったため、〈不便〉〈不足〉、どちらの項目についても、自分たちの工夫や助け合いで十分カバーできています。 ただし、婦人部の活動に参加できないような状況の高齢者の方々の感じ方は、この回答とは違う可能性もあると思われます。	

※「客観的要素」の現状はヒアリング時点の数値（未記入部分は不明）

2　歴史と伝統の中で継承されてきた地域の絆

及び内神田二丁目 10 ～ 12・15 番地	町会：司町一丁目町会
変えていきたくないことなど）	

でした。時代を経てもそれは変わりなく、呉服関係、印刷、製本などの職
軒建てることができた言われるほどです。また、商店も大きな店ではなく、
災後に４つの町が合併し「司町一丁目」が誕生しました。司町の名前は
未来永劫栄ゆること疑いなし」という意味を持つことから名付けられまし

司町一丁目」となり、さらに昭和 41 年に内神田一丁目と、内神田二丁目
である町会では「司」の名前を引き継ぎ「司町一丁目町会」として存続し
す。

いつ	将来
本来「将来」の〈安心〉に向けてのビジョンが書き込まれるべきこの項目にも、すでに達成できている現状の「安心」が並んでいます。ヒアリングの方法によっても回答が変わってくることはもちろんですが、ここから読み取れることは、町会婦人部（福祉部）の方々が、現在の状況に十分満足しており、地域のつながりの中で、地域の課題を解決している現状があります。遠方に住んでいても、「ふたりの娘」の存在感が安心につながるという気持ちの持ちようからも、安心できる生活が送れている現状が読み取れます。	<安心> ・かかりつけ医が近所。 ・緊急時には大学病院が近隣にある。 ・町会の連携が強い。 ・町会内にマンションが少ないので、顔なじみの関係が結べている。 ・食事会、町会行事等、雑談しながら話し合う場がある。 ・区内に介護施設が増えている。 ・遠方に住むふたりの娘の存在。
左にも書いた通り、交通の便については良好という評価。それは、買い物や通院の際の便利さにもつながっています。	<便利> ・地下鉄のアクセス良好。 ・タクシーの量も多い。 ・交通の便全般が良い。 ・病院が多い。
〈安心〉〈便利〉の項目同様、現状に対し十分に満足していることが読み取れます。「町会の歴史・由来・現状」欄にも書いてある通り、そこに住む人々が、長い神田の歴史の中で育んできた、地域のつながりの帰結であり、一朝一夕で作られたものではない、伝統の継承が感じられます。それは、町会が「司町」の名前を大切に継承していることにも十分反映されています。	<満足> ・子供のころからの付き合いがある。 ・婦人部で食事会開催等、つながりを感じる。 ・町会に助け合いの精神がある。

府中市地域包括支援センターあさひ苑（府中市）

1．センターの基本情報

区市町村名／センター数	府中市／11 地域包括支援センター
センター名	府中市地域包括支援センターあさひ苑
運営法人	社会福祉法人　多摩同胞会
担当圏域の人口　65 歳以上割合／75 歳以上割合 （出典：2018 年 1 月 1 日　府中市統計）	31,774 人　（19.6%／9.7%） 担当圏域：多磨町・朝日町・紅葉丘・白糸台 1 〜 3 丁目・若松町 1 丁目
職員体制（常勤換算） 	合計　11.2 名 センター長 1 名 主任介護支援専門員 1 名 看護師 1 名 社会福祉士 1 名 介護予防コーディネーター 1 名 介護支援専門員 3.65 名 介護予防事業担当 2.25 名 事務員 0.3 名

府中市の人口状況

	2010 年	2015 年	2020 年	2025 年	2030 年
人　　口	255,506 人	260,274 人	262,148 人	261,706 人	259,309 人
65 歳以上割合	18.5%	21.2%	22.3%	23.1%	25.0%
75 歳以上割合	8.5%	10.1%	11.8%	13.6%	14.1%

（出典：東京都男女年齢（5 歳階級）別人口の予測 - 統計データ -）

2．地域概要

（府中市全体）

　東京都のほぼ中央、1954（昭和29）年 4 月 1 日に、府中町と多磨村および西府村の 1 町 2 村が合併して「府中市」が誕生しました。律令時代に武蔵国の国府が置かれた地である事から、武蔵国の国府という意味で府中と呼ばれており、それを市名としました。緑も多く、夜間人口と昼間人口がほぼ同一なのは、近隣のベッドタウン都市とは違い職住近接した生活環境である事が理由で、これから市民の満足度が高く、市のアンケートでもほぼ全市民が将来も住み続けたい街として回答しており、「生活実感値」満足度都内第 1 位とされる事もあります。未だに微増ではあるが人口が増加傾向にあります。

（ヒアリング対象地域：府中市紅葉丘）

　合併前は北多摩郡多磨村。東京都（営）多磨墓地の南側に面していて、門前として墓石屋などが古くから開業していましたが、住宅地として整備されたのは第二次世界大戦後。町の中心部には引揚者住宅に始まる都営団地が複数存在します。宿場町として栄えていた府中駅そばの本村地区とは異なり、多くの住民が戦後戸建の家を建てました。建築後40年余り経過する古い家屋とバブル期以後に造成された比較的新しい家が混在しています。住まわれている住民は自らが作った町という意識からか関係性がとても濃厚で、見守り意識も強いです。

3．ヒアリング（2017年6月13日実施）

（1）対象者
　地域包括支援センターあさひ苑から数km離れた紅葉丘3丁目町会福祉部が実施している「あんずっこサロン」に参加中のメンバーにヒアリング。当日はスタッフも含め全員女性。
（2）方法
　我がまちシートを使用。住民の方4～5人に対して、委員1名がヒアリング。
（3）ヒアリング内容
　別紙参照

4．地域の現状と未来

　出来上がってから時間が経過している町ではありますが、比較的若い世代の流入が持続しているため、町の持つ活力が感じられます。ヒアリングをさせていただいた「あんずっこサロン」は紅葉丘三丁目の民生委員さんが中心になって自治会の有志と月1回で始めたもので、開始当初は地域包括支援センターが活動のお手伝いなども行っていました。現在は地域のボランティアさんだけで自主的な活動を月2回行っています。参加者も多い時は30名を優に超えているとのことです。最近転入されてきた方も積極的に受け入れ、顔の見える関係で日々の見守り活動も行えています。数年前から始まった地域のお祭り「あんずまつり」では、マンホールに設置するスタンドパイプを利用した消火訓練や炊き出し訓練も同時に行って地域防災意識を高め、また世代間交流のための多くの出店で高齢者、障害者、子ども連れの親子が一緒に楽しんでいます。たった1日のイベントに数百人もの方が参加されることを運営の中心となっているサロンの方々が誇らしげに語ってくれました。それ以外にも、エリア内の子供たちの通学する小中学校と子育ての終わった住民の結びつきで様々なイベントが展開されています。最近、介護保険事業の通所事業所を営業していない日曜日に、住民が中心となって子ども食堂も開始されました。
　ヒアリングで、「交通の便がない」「病院がない」「スーパー（商店街）がない」という、3な

いという言葉で不足不便が語られましたが、それを補うにはあまりある住民同士の結びつきと見守りネットワークが構築されていました。「ないなら、あるところまでみんなで行けばいい」「お店にここまでこさせればいい」そんな言葉を実現してくれそうな方々でした。

　今後求められるのは、すでに構築されている結びつきをさらに強化して維持継続するための、メンテナンスを住民が主導で行えるような支えを、行政や地域包括支援センターなどの専門職が行うことではないかと実感しました。

5．まとめ

　確かに、構築されているネットワークには中心となって活動し、多くの人を引き付ける人物がいました。しかしその方々のモチベーションが維持されるだけのエネルギーが、参加する住民から注ぎ込まれていることを感ずることもできました。

　新しいネットワークを何もない地平から生み出すことはとても難しいことなのかもしれませんが、地面に芽吹いた小さな芽に、水やりを欠かさずに行う人が居続けることで、その芽はいつか葉をだしつぼみを付け小さな花を咲かせる。枯れた花から零れ落ちた種が、さらにたくさんの芽をだし、いつか何もなかった大地に大きな花畑となっていきます。

　地域包括支援センターが自ら担当する地域を歩き回り、あるいは這いつくばって、いつかどこかに小さな種を見つけたならば、最初の水やりをしてくれる方を探し出し、その方がその場から立ち去らないような支えをすれば、その地域には明るい未来があるのではないでしょうか？

（清野　哲男）

我がまちシート

市町村：府中市　　包括：あさひ苑地域包括支援センター　紅葉丘エリア　　地区：紅葉丘3丁目地区

地域らしさ（変えていきたいこと・変えていきたくないことなど）

客観的要素	現状（2017年4月）	
	地区人口	8,550
	高齢者人口	1,815
	前期高齢者	937
	後期高齢者	878
	単身高齢者	491
	介護認定率	

病院がないよ
→みんなで一緒に行こう！

お店がないよ
→移動スーパーを呼べばいいよ！

主観的要素	現状	誰が	何を	いつ	将来
	<不安> ・子供が離れて住んでいる。 ・独居→何かの時の相談。 ・日中独居でも同じ。 ・天候不順（長雨・猛暑）。 ・生活道路が交通量が多く道幅が狭くて危険。				<安心> ・顔見知りになった近所の人が声掛けしてくれる。 ・サロン活動が月2回ある。
	<不便> ・交通機関が遠い。 ・コミュニティバス停が遠い。 ・農協が野菜の即売を辞めた。 ・草むしりなどの身の回りのちょっとしたことができない。				<便利> ・コミュニティバスが家の近くにある。生協など配達してくれるサービスがある。 ・土地が平坦で坂道はほとんどない。
	<不足> ・医療機関・商店・スーパー。				<満足> ・緑が多い。 ・気心の知れた通所サービスに行ける。 ・自治会と老人会活動が活発。

「地域包括ケアシステム」とっくにやっています！

団塊世代が65歳高齢者になる2015年がまるで、この国の最後のように叫ばれて始まった介護保険制度が開始して早18年。あっという間に時は過ぎて、65歳ではなく75歳になる2025年問題を解決するために、「自助互助共助公助」を乗り越えて、「我が事まるごと」と、どんどん市民が自らが行う事だけが行う事だけを呈してきました。

私たち東社協ネットワーク委員会は、ヒアリングを通して、自分達の住んでいる街をすごくいる事にするための繋がりを作り出しているたくさんの元気なシニア世代の方に出会う事が出来ました。私達がすべきことは、市民同士を繋げてネットワークを作り、一向に意を介さず、既に繋がっている人達の結びつきを、さらに強固に継続していけるお手伝いをすることと改めて認識した次第です。VIVA高齢者！「地域包括ケア」それがとうとう、「我が事まるごと」そんな事日も承知をとっくにやっています。

※「客観的要素」の現状はヒアリング時点の数値（未記入部分は不明）

国分寺地域包括支援センターもとまち（国分寺市）

1．センターの基本情報

区市町村名／センター数	国分寺市／7地域包括支援センター
センター名	国分寺地域包括支援センターもとまち（委託型）
運営法人	至誠学舎立川　至誠ホーム
担当圏域の人口　65歳以上割合／75歳以上割合 （出典：2017年4月1日　国分寺市統計）	20,901人　（22.3%／11.5%） 担当地域：東元町・西元町・南町
職員体制（常勤換算）	合計5.5名　主任介護支援専門員1名・看護師1名・社会福祉士1.5名・プランナー1名・認知症地域支援推進員1名

国分寺市の人口状況

	2010年	2015年	2020年	2025年	2030年
人　　口	120,650人	122,742人	125,545人	126,691人	126,368人
65歳以上割合	19.0%	21.0%	21.4%	22.0%	23.8%
75歳以上割合	9.1%	10.4%	11.2%	12.4%	12.7%

（出典：東京都男女年齢（5歳階級）別人口の予測 - 統計データ - ）

2．地域概要

　国分寺市は東京都のほぼ中央に位置し、東は小金井市、南は府中市と国立市、西は立川市、北は小平市に接しています。奈良時代、741（天平13）年に聖武天皇によって国家の平安を祈念した国分寺と国分尼寺が造営された場所です。1964（昭和39）年の市制施行によって現在の国分寺市となりました。市の名前の由来となっている国指定史跡武蔵国分寺跡等の史跡や、国の重要文化財である木造薬師如来坐像等の貴重な史跡、文化財が数多く残されています。担当圏域はJR中央線・武蔵野線、西武国分寺線・多摩湖線が縦横に走る国分寺駅から南に広がる3町で、2万人を超える人口です。担当圏域の高齢化率が22%を超え、市内高齢化率の21.9%を上回っています（2017年4月時点）。

　国分寺駅隣接の町は商業施設や医療機関が多く賑やかです。高層マンションや敷地の広い一軒家が多く、富裕層も多く居住しています。駅周辺を除くと住宅と農地が混在し、多種多様な農作物が生産され、市民と農業者の交流が行われています。また、駅から離れると国分寺崖線と呼ばれる急こう配の坂が多く、道も狭いうえに入り組んでいるため高齢者の移動が大変になります。史跡・遺跡や公園が多い地域があれば、庭のない家が密集している下町のような地域もあります。古いアパートも多く、取り壊しで転居を迫られる高齢者もいます。地域のコミュニティーの脆弱化により、地域住民による互助のみでは支えきれぬ状況になりつつあります。

さわやかプラザもとまち

心臓やぶりの坂

道幅の狭い国分寺街道

3．ヒアリング（2017年2月17日実施）

（1）対象者

　国分寺地域包括支援センターもとまちがある公設民営の「さわやかプラザもとまち」（以下、「プラザ」）を管理・運営している「NPO法人あおぞら」（以下、「あおぞら」）の役員3名。長年居住し、地域活動に積極的に参加してきた方々です。

（2）方法

　我がまちシートを利用。役員3名、委員5名が一つの輪になり座談会形式で「あおぞら」の取り組みをヒアリングすることで、ネットワーク構築について話し合いました。

（3）ヒアリング

　詳細は別紙我がまちシート参照。

①活動内容

　「あおぞら」は、高齢者市民が健康に暮らせる地域社会づくりと福祉の増進を図るため、介護予防事業／趣味や生きがい、生涯学習に関する事業／喫茶・軽食事業／社会福祉施設の管理・運営などを展開しています。地域市民の連帯と行政との協働を促進し、高齢者が生き生きと暮らせる社会の実現に寄与することを目的として活動しています。

　「あおぞら」スタート時の個人正会員数は110人でしたが、現在は団体を含め330名となり、活動を支援しています。一方、「プラザ」スタート時の個人利用登録者数は400人程度でしたが、現在は1,480人（60歳以上の国分寺在住者）にまで増えています。法人誌：あおぞらイベントニュースは自治会、町内会全てに行きわたり、公共機関や掲示板にも張られ、法人の取り組みが地域に情報発信されています。

②交通機関

　「プラザ」は国分寺駅から南に15分程歩いた場所にあります。道の途中には急な坂があり、高齢者にとっては負担が大きい地理的課題があります。国分寺駅から府中駅に南北に通る国分寺街道を京王バスが5〜10分間隔で走っており、「プラザ」からバス停まで近いこともあり一見すると課題は解消できるような印象を受けるかもしれません。しかし、バス停から遠い方や、東西に住む方には実用的ではありません。市内を巡回するコミュニティバス「ぶんバス」は20分間隔で走っていますが、バス停はプラザから徒歩圏内にはありません。そこで、「あおぞら」は当館前にバス停を設置してほしいと市に陳情する活動を行いました。結果的には却下されましたが、高齢者が集える拠点として多くの方に利用してもらえるよう情報発信をしています。

③ネットワーク構築

「プラザ」の隣には児童館があり、近隣には公民館・図書館、保育園、小・中学校など文教的施設が集まっています。また、社会福祉協議会や積極的に活動している市民団体も多く、社会資源が豊富にあります。これらの資源に「あおぞら」スタッフが声をかけ、世代間交流の機会を作るべく「もとまち地域会議」を約12年前に立ち上げました（我々地域包括支援センタースタッフも出席しています）。月1回の定例情報交換会や、年1回のファミリー運動会、防災シンポジウムなどの企画を計画してきました。運動会には老若男女を問わず約300名の参加者で賑わいます。

④ 世代交代

「あおぞら」を管理・運営するスタッフ（職員、ボランティア）は広告募集をせず、スタッフが知り合いに声かけをして確保してきました。同世代に依頼をすることが多く価値観もあうことから、開設時から続けるスタッフが大半です。そのため、ボランティアの平均年齢も70歳近く、職員の中核メンバーの平均年齢は74〜75歳となっており、今後5年10年後を見据えた世代交代が課題になっています。

⑤ 今後の取り組み

現在の取り組みは「介護予防」の視点で取り組んでいます。それは「プラザ」に来ることができる人に対して提供されているサービスなので、閉じこもり高齢者や移動に困った人へどのようにアプローチしていけるか課題に感じています。介護保険サービスでは担えない独自のサービスが提供できるよう検討しています。また、世代間交流として「もとまち地域会議」などの活動や、児童館や小・中学校生の保護者などとの連携に力を入れていくことで、若い世代の取り込みにも繋がっていくのではないかと期待しています。

4．地域の現状と未来

地域の現状・未来をヒアリング対象者が自ら分析し、どのように行動に移してきたのかを上記に記載しました。我がまちシートを住民自ら記載することで、自分たちの活動や地域の強みを語るツールにもなりうることを発見しました。

5．まとめ

この地域は元々、公民館活動やPTA活動が盛んでした。活動で知り合った顔見知りの関係が土台となって、長年住み慣れた国分寺市に恩返しをしようと立ち上がったのが「あおぞら」です。地域包括支援センターとして高齢者が集える拠点があることは心強く、連携によって総合相談や出前講座に繋がっています。

地域活動の強み・課題を把握しネットワーク構築について考えるきっかけとして、今回は「あおぞら」の取り組みをヒアリングしました。ヒアリングを通して見えたのは、一人ひとりの「想い」が重なって活動が始まっていくこと、地域のために何ができるかという「情熱」で課題に臆せず活動を続けること、全ては「国分寺を愛する気持ち」に繋がっていくことを実感しました。

今後は、更なるネットワーク構築について意見交換を深めつつ、地域住民が「この街に住んで良かった」と思ってもらえるような支えあいの関係を目指していきます。

（山本　康智）

●コラム●

住民が主導するネットワークの強みとこれから

　本書の発行にあたり支援センターのネットワーク委員会がヒアリングを重ねる中、私は千代田区と国分寺市のヒアリングに参加させていただきました。両地域のヒアリングの中で強く感じたのは、地域のネットワークを形成する住民の方々のつながりと地域に対する強い愛情でした。住民の方々が住んでいる地域を大切にし、さらに良いものしていこうとする思いが非常によく伝わってきました。

　本書の前巻（ネットワークづくりのためのヒント集2「地域包括支援センターが織りなすネットワーク」）では地域のネットワークをセンター主導型、他機関主導型、行政主導型の3タイプに分類しました。この枠組みに即して今回ヒアリングさせていただいた地域、そして本書で報告されている住民の方々にヒアリングさせていただいた他の地域のネットワークタイプを考えると、他機関主導型ネットワークにあたると思われます。他機関、すなわち地域包括支援センター以外の機関や組織が中心となって構築されたネットワークです。本書で報告されているのは、いずれも住民が中心となっていました。

　このタイプのネットワークの強みは何といっても、行政主導型ネットワークのように上から与えられた枠組みではなく、自分たちで編み込んでいった地域ネットワークであるという点です。そのため、生き生きとしたネットワークになり、主体的な活動が生まれやすい土壌があります。しかもその地域で生活をする人々の生の声が反映された住民のニーズに即した活動です。これらの活動は住民の方々に「やらされている」感があまりなく、楽しみながら行われています。その活動の内容については本書の中で報告されていますので、具体的にはこの第2章をご覧いただければと思います。

　一方で、課題になりやすいのはネットワークの継続性です。機関間のつながりというよりは、個人と個人のつながりでネットワークが構成されているため、何らかの事情で活動が難しくなってしまう人が増えていくと、ネットワークの維持自体が困難になりかねません。規定のシステムとしてのネットワークに人が配置されたわけではないので、欠員が出たからといって自動的にメンバーが補填されるわけではありません。具体的には、いくつかのヒアリングにおいて、高齢化という形でこの課題が言及されていました。

　この課題の明確な解決方法があるわけではなく、どこの地域も試行錯誤しているところかと思いますが、そのヒントがヒアリングをした国分寺市の活動の中にあったように思います。活動しているメンバーの方々に、活動を始めたきっかけを尋ねたところ、共通して返ってきたのが「地域への愛着」と「人とのつながり」でした。これらを次の世代にも持ってもらえるような種まきをすることが、住民主導のネットワークの継続につながるといえそうです。活動の実際の担い手はどうしても時間的余裕のある定年退職後の世代になりやすいですが、活動内容を子どもをターゲットにしたものにすることで、子育て世代を巻き込むことができます。子どもが喜ぶのであれば親は出てくるでしょうし、協力するでしょう。活動の担い手ではなく、まずは参加者として、あるいは利用者として子育て世代を呼び込むことが地域における個人と個人のつながり、さらには地域への愛着を醸成することになろうかと思います。このことは国分寺市の活動においては、実際に隣接の児童館との連携という形で模索されていました。

　現代社会では年齢層を超えた関わりが持ちにくくなってしまっています。しかし、多世代が広く関わる社会の方がむしろ人間社会として自然な姿かと思います。多様性が重視されている今こそ、地域においてこれが実現されることが、地域のネットワークをより強く継続性のあるものにしていくように感じられました。

（高瀬　幸子）

市町村：国分寺市	包括：地域包括支援センターもとまち

客観的要素	現状（2016 年 4 月）		地域らしさ（変えていきたいこと・
	地区人口	20,347	・この地域は元々、公民館活動や PTA 活動が盛んであった。活動で知り合おうと立ち上がったのが NPO 法人「あおぞら」である。
	高齢者人口	4,573	・「あおぞら」の取り組みの目的は、高齢者の介護予防。地域の高齢者がころうと取り組むきっかけに繋がると良い。
	前期高齢者	2,245	・高齢者市民が健康に暮らせる地域社会づくりと福祉の増進を図るため、／ 社会福祉施設の管理・運営などを展開している。
	後期高齢者	2,328	・地域市民の連帯と行政との協働を促進し、高齢者が生き生きと暮らせる
	単身高齢者	1,272	・異世代交流の機会を作るべく、周辺の社会資源に声をかけ「もとまち地のファミリー運動会、防災シンポジウムなどの企画を計画してきた。運
	介護認定率	4.7%	・孤独死を防ぎたい。周囲から孤立している人にどのようなアプローチが ・児童館隣接により児童との交流はあるが、その親世代とどう交流してい

主観的要素	現状（2017 年 2 月）	誰が	何を
	<不安> ①高齢化率が高い。独居高齢者、高齢夫婦世帯が増えてきている。 ②さわやかプラザもとまちは建築後 10 年以上経ち、施設や設備、什器備品類などの経年劣化が見受けられる。 ③震災時避難先（小学校）が遠くて行けない。近隣住民を全て避難受け入れられるか心配。	①あおぞらが市や社会福祉法人へ ②あおぞらが市へ ③(1)あおぞらが(2)「もとまち地域会議（詳細は「不足」欄参照）」で	① NTT 回線を利用した「安否確認システム」（安否確認、健康や医療相談）が使えるようアプローチ。 ②補填、修理を強力に要請している。 ③(1)いざという時に避難所の機能を果たせるようあおぞらスタッフが館内利用者の協力を得て、毎年定期的に防災訓練を開催している。(2)「もとまち地域会議」で毎年防災シンポジウムを開催している。
	<不便> ①国分寺駅と府中駅を南北に結ぶ国分寺街道は道が狭く、歩道がない場所もあるため歩きにくい。急な坂道があり歩行器や車いすでは上り下りできない。近隣に国分寺市地域バス「ぶんバス」が止まらない。	①あおぞらが市へ	①「ぶんバス」の順路変更による建物前停車の陳情をする。接する道路が一方通行や、一部クランク狭路のため順路変更は却下される。
	<不足> ①介護保険以外で、プログラムされた運動の場が少ない。 ②老若男女が集える場がない。 ③あおぞらを運営する新たな若手スタッフの確保が難しい（世代交代要員）。	①市の取り組み（国分寺市一般介護予防事業 地域介護予防活動支援事業）をあおぞらが手上げし ②(1)あおぞらが児童館と協力して(2)あおぞらが文教的施設（小中学校、保育園、児童館、公民館など）や地域資源（地域包括支援センター、社会福祉協議会、市民団体など）へ声かけし ③スタッフ退職時、あおぞらが知り合いに	①東京都介護予防モデル事業「鬼石モデル（10 の筋力トレーニング）」を初級〜上級コース（7 クラス）に分け、計 165 名の登録で活動している（あおぞら筋トレ）。 ②(1)祭りを企画、盆踊りや子ども神輿、縁日などで世代間交流の機会を作っている。(2)「もとまち地域会議」という名の異世代交流の機会を作り上げた。月 1 回定例情報交換会で集まり、年 1 回 300 名規模の運動会を開催している。 ③スタッフの知り合いづてで声かけをする。同世代に依頼をすることが多い。

4　国分寺市が好きだから

地区：東元町

変えていきたくないことなど）

た顔見知りの関係が土台となって、長年住み慣れた国分寺市に恩返しをし

の町で元気に暮らし続けてほしい。元気な高齢者を見て、自分も元気にな

介護予防事業／趣味や生きがい、生涯学習に関する事業／喫茶・軽食事業

社会の実現に寄与することを目的として活動している。
域会議」を約12年前に立ち上げる。月1回の定例情報交換会や、年1回
動会には老若男女を問わず約300名の参加者で賑わいをみせる。
できるか安否確認のシステム化を検討中（交通手段を含めた課題）。
けるか（世代交代への課題）。

いつ	将来
①2013年市主導トライアルに向け準備するも実施直前で中止に。2014〜15年には社会福祉法人と共同トライアル実施。約100人参加し、市に結果報告するも当面は見合わせることに。 ②市の「公共施設適正再配置計画」によれば、当館は新しい施設とされている。そのため遅れがちではあるが、補修が必要な状況時に。 ③(1)防災訓練は10年以上前から毎年、年2回開催。(2)防災シンポジウムは4年前から毎年開催。	＜安心＞ ②高齢者の集いの場を快適に利用できる。 ③災害時にどう行動すればよいか相談できる場がある。近くに避難先があることの心強さ。
①2011年に陳情書を提出。	＜便利＞ ①京王バスが5〜10分間隔で走り、建物の近くにバス停があるため、国分寺街道沿いを目的とした外出は便利。
①平成27年度から取り組み、現在継続中。 ②(1)祭りは毎年開催。(2)会議は約12年前に立ち上げ。 ③スタッフ交代時、必要時	＜満足＞ ①介護予防を気軽に、継続的に取り組む場所がある。取り組みに参加することで、見守り機能を果たせる。 ②高齢者に限らず、老若男女が集い、交流できる場がある。世代を越えた新たな交友関係が広がる。会議での情報共有は、地域の実情を多角的に分析できる。 ③知り合いかつ同世代のスタッフだと価値観が合い、長く続けるスタッフが多い。

町田市町田第3高齢者支援センター（町田市）

1．センターの基本情報

区市町村名 / センター数	町田市 /12 地域包括支援センター ※ブランチ業務としてあんしん相談室も設置
センター名	町田市町田第3高齢者支援センター（委託型）
運営法人	特定非営利活動法人　桜実会
担当圏域の人口　65 歳以上割合 /75 歳以上割合 （出典：2017 年 4 月 1 日　町田市統計）	30,537 名（27.4%/14.4%） 担当地域：玉川学園・東玉川学園・南大谷（公社 　　　　　住宅本町田を除く）
職員体制（常勤換算）	合計 17.8 名　主任介護支援専門員 1 名・看護師 2.8 名・社会福祉士 4 名、介護支援専門員 2 名・ 生活支援コーディネーター 1 名（兼務）・認知症 地域支援推進員 4 名（兼務）・地域介護予防推進 員 2 名（兼務）・見守り相談員 1 名（兼務）

町田市の人口状況

	2010 年	2015 年	2020 年	2025 年	2030 年
人　　口	426,987 人	432,348 人	437,005 人	436,156 人	428,935 人
65 歳以上割合	21.6%	25.0%	26.1%	26.4%	27.2%
75 歳以上割合	9.0%	11.5%	14.0%	16.1%	16.3%

（出典：東京都男女年齢（5 歳階級）別人口の予測 - 統計データ - ）

2．地域概要

　玉川学園地区は、昭和4年に玉川学園（玉川大学、高校、中学校、幼稚園）の開校と小田原急行電鉄玉川学園前駅が開設され、教職員や学生等の学校関係者が移り住むようになり、徐々に人が集まるようになりました。当時の住民は、学生や教職員が約120名程度と今まで住んでいたごく少数の住民だけでしたが、昭和30年～40年代にかけて玉川学園や東玉川学園地区では、本格的に宅地開発が始まり、住宅地として急速に発展するようになりました。多くの場所では、山を切り開いて開発をしている為、道幅が狭いところや健康な人でも息が切れるような急な坂道も多く、道路整備がほとんど行われていない場所もあります。また、傾斜地に立ち並ぶ家も多く、公道から玄関までの間に20段程度の階段のある戸建ても珍しくありません。

　玉川学園地区は、地域住民が一丸となって署名活動をした結果、昭和43年に都市計画法による文教地区の指定を受けています。文教地区の指定により、玉川学園前駅の近隣には、ゲームセンターや遊技場等が存在していません。そして、玉川学園地区では、この地域を作った先人たちの教育に対する思いや自然豊かで魅力的な起伏を活かしたまちづくりを後世に引き継ぐ為、平成21年に「玉川学園まちづくり憲章」を掲げ、『「学園」の名にふさわしい質の高いまち（文教のまち学園）を目指す』事を目標にしています。この理念や想いに共感して、この地区は高等教育の教員や芸術家、文化人や会社経営者等も多く住んでいます。さらに、この地区には玉川大学や

昭和薬科大学の2つの大学があり、学生の姿も多く見受けられています。

　この地区の交通機関については、玉川学園地区のほぼ中央に小田急線玉川学園前駅があり、玉川学園前駅を中心としたコミュニティバスのたまちゃんバスが運行されています。坂道の多いこの地区では、たまちゃんバスが貴重な移動手段となっており、地域住民に親しまれています。南大谷地区は、町田駅から徒歩でも約15〜20分程度で移動する事ができます。町田駅前のバスターミナルからのバス移動も可能になっています。

町田第3高齢者支援センターのある桜実会の玄関です。

坂の上から見下ろした風景です。玉川学園地区の中には、坂の途中にもお家が沢山建っています。

3．ヒアリング（2017年5月27日実施）

（1）対象者

　町田第3高齢者支援センターの管轄内の近隣住民及び見守りネットワーク等に参加している住民の方3名です。

（2）方法

　ネットワーク委員会が用意した我がまちシートを基に、ネットワーク委員会の委員3名が実施しました。ヒアリングの場所は南大谷あんしん相談室で行いました。時間は約120分でした。

（3）ヒアリング内容

　別紙我がまちシートを参照

玉川学園・東玉川学園地区の市民の移動手段となっているたまちゃんバスです。バスに描かれているイラストが特徴的です。

南大谷地区のシンボル的な存在の南大谷あんしん相談室です。

4．地域の現状と未来

（1）人口変動における世代間交流の課題

　玉川学園・東玉川学園地区では、昭和30～40年頃にかけて広範囲に宅地開発がされ、この頃から転入者が急激に増加しています。また、この地域は、文教地区の指定に伴い、教育熱心な住民も多くいますが、この地で育った子ども達の多くは、進学や就職等で市外や海外に転居することも珍しくありません。一方、親世代はこの地区に残って生活を続け、戸建てに高齢者夫婦のみ世帯や単身者のみで生活している住民も多くいます。しかし、親世代が施設への入所や死去した後、その子ども達は、この地域には戻らず、土地・家屋を売却している事も多く見受けられています。売却された土地には、新たな住宅が建設され、とりわけ30～40歳代の若い世代の転入者も多くなっており、この地区の特徴的な動きにもなっています。

　今まで住んでいた住民と、新たに転居してきた住民との交流の促進が困難な状況になっています。さらに、転入してきた若い世代は、自治会・町内会の加入率も低くなっています。一方、この地区には、社会貢献活動への参加や自主グループ活動の運営等に関わる住民も多く、住民参加型の活動も活発になっています。しかし、高齢者が活動の中心的な役割を担っている団体や組織も多く、若い世代との世代交代が円滑に進んでいない状況も見受けられておらず、転入者との世代間交流が、この地区で長く住んでいる地域住民の課題となっています。

（2）地域住民持っているストレングスの要素と住民主体の活動

　ヒアリングの結果、この地域の住民は自分たちの住んでいる地域を良くしていく為、住んでいる地域を会社（企業）と捉えて、積極的に地域に介入する事を心掛けていることが伺われました。また、地域を変えていく為、住民同士がアイデアを出し合い、実際に実行している様子も見受けられていました。この背景には、この地域の住民は、元々何もないところから地域を作り上げていった自負があることや、物事を建設的に進めていく力や向上心があり、人材活用等のマネジメント能力もある事が見受けられました。さらに、住民同士で地域内での目標を設定・共有し、住民自身が地域内で起きている課題を分析していました。そして、自分たちの住んでいる地域に対して愛着があり、地域への想いが大きい事も伺われました。これらの多くの要素は、この地域の住民の持っている強み（ストレングス）である事が認識されました。

　高齢者支援センターの圏域内における多くの地区では、地域住民が主体的になって、見守りネットワークが展開され、約100名の住民が見守り協力員や見守り連絡員として活動に参加しています。また、地域住民が主体になって、通いの場を含めた介護予防活動も積極的に展開している地区もあります。このような活動が展開されていくにあったっては、地域住民の持っている強みや地域に対する愛着がある為、地域の中での活動に繋がっていると思われます。

（3）地域のシンボル的な存在となっている南大谷あんしん相談室

　南大谷地区には、３年前に東京都シルバー交番事業として、南大谷あんしん相談室が開設されました。現在、高齢者支援センターのブランチ業務として運営をしています。南大谷あんしん相談室の一部は、地域内での活動をする為の場として活用できるよう、地域住民に開放をしています。この為、南大谷あんしん相談室には、金魚の世話や植木の手入れ等をする為に毎日来所してくれる住民がいたり、駐在所の警察官も頻回に顔を出してくれたりしています。南大谷あんしん

5　我が町の強みは、地域への愛着が一番

相談室は、地域住民や地域の関係者が来所する事で住民同士での交流や情報交換の場になっています。そして、南大谷あんしん相談室を通じて住民同士の見守り活動にも繋がり、地域住民からの相談や情報提供も多く入ってきています。長い間孤立死の発生が続いていた地区では、地区内での積極的な見守り活動が始まり、孤独死の発生件数も減少してきています。

　地域住民の中には、南大谷あんしん相談室の中で軽度認知症の方と会話した事で、認知症に対するイメージが変わった事を公言している方もいます。その後、この住民は、認知症サポーター養成講座のキャラバンメイトとなり、地域の中で認知症サポーターを増やす事を目標として、高齢者支援センターと一緒に認知症サポーター養成講座を積極的に開催しています。これらのことから、南大谷あんしん相談室は、南大谷地区の住民にとって憩いの場や通いの場にもなっており、地域住民にとってのシンボル的な存在になっています。そして、ヒアリングの中でも、南大谷あんしん相談は地域の中で様々な活動の拠点になっており、地域住民にとって助かっている存在になっている事も確認できました。

５．まとめ

　我がまちシートを基にしてヒアリングの内容を分析（地域診断）したことで、今まで見えてなった地域の強みや課題、意識の薄かった部分等、新たな地域の姿が見えてきました。地域づくりを行っていくにあたっては、地域住民や関係者からのヒアリングの結果が大切な財産になると考えています。これらの財産を有効に活用する為にも、地域の関係者と共有していきたいと考えています。そして、今後も地域づくりの一環として、様々な方にヒアリングを行ない、地域診断を実施して行きたいと思います。

（後藤　信義）

市町村：町田市	包括：町田市町田第3高齢者支援センター		

	現状（2017年4月）		地域らしさ（変えていきたいこと・
客観的要素	地区人口	30,537	①転入者も多い⇒若い世代（35～49歳まで）の転入者が多い。 ②見守りネットワーク（連絡員や協力員）を増やしたい。そして、多くの住民に ③子ども達が大きくなると進学や就職で（町から）出ていく。⇒その結果、戸建 ④今まで住んでいる住民と新しい住民との交流が出来ていない。どのように交流 ⑤多くの地域住民に認知症サポーター養成講座を受講してもらい、サポーターに
	高齢者人口	8,390	
	前期高齢者	3,985	
	後期高齢者	4,405	他世代間の交流を図る為には、子ども食堂が有効な方法だと思う。高齢の方でもきっと若い世代に食事の内容や調理方法を伝えたい方も多いと思う。
	単身高齢者		
	介護認定率	17.8%	

	現状（2017年5月）	誰が	何を
主観的要素	<不安> ①町内会が大きすぎて、町内でのシステムが複雑になりすぎている。 ②若い世代を育てるプロセス（システム）が整っていないから、なかなか育っていかない。 ③町内会で何かをする場合、場所やお金の問題や課題がある。 ④高齢化率が高い。 ⑤子育て世代の転入者が多くなってきている。 ⑥高齢者と転入者がほぼ同じ地区もある。	もっと多くの地域関係者と将来に向けてどのような地域にしたいのか、どのような地域をつくりたいのかを話し合って、共有する事も必要だと思う。どうすれば共有できるだろうか？	
	<不便> ①小さな業者が（ここの土地を）開発した為、道が狭く、道の悪いところも沢山ある。 ②転入者との交流が図れていないので、他世代間でのコミュニケーションが取りにくい時もある。 ③他世代間でのパイプ役がいない。 ④町の中での移動手段ない（南大谷）。 ⑤住民同士で集える場（集会場）が少ない。	この地域は坂道が多く、道の狭い所も多いので、高齢者の方で歩行が不安定になってくると、徐々に外出が難しくなって、外出に困っている人が段々増えてきている。日中だけでもデイサービスの送迎車を有効に活用できる方法はないだろうか。	
	<不足> ①リーダーシップのある人が少ない。 ②町内会の中では現場の中で決められる事が少ない。 ③災害の時、避難所まで遠くて行けない⇒災害時の水や食料の確保が心配になっている。 ④地域の中には高齢者向けのサービス事業所が少ない。	これからも、もっと地域づくりが必要になってくると思う。地域の中には地域づくりに積極的な方がいる所もあるけど、リーダーが不在の地域もあるので、地域に働きかけていきたい。 災害の話は多くの地域住民にとって関心が高いキーワードになっている。〇〇地区も災害の話を基に地域住民同士の交流を図り、多世代間交流が出来ているみたいなので、△△地区で取り入れてみたらどうだろうか。	

※「客観的要素」の現状はヒアリング時点の数値（未記入部分は不明）

5 我が町の強みは、地域への愛着が一番

地区：玉川学園、東玉川学園、南大谷（公社住宅本町田住宅を除く）

変えていきたくないことなど）

は見守られている側から見守る側になってもらいたい。
てに高齢者が一人で生活しているケースも多く、今後も多くなると思う。
を図っていくか、交流を図っていく為の検討が課題になっている。
なってもらいたい。

> 地域づくりには、目標設定をしたり、目標を多くの方と共有する事が必要だけど、このシートは、目標設定や工程表として、有効に活用できると思う。

いつ	将来
インタビューの結果、南大谷地区では、あんしん相談室が地域の中でのシンボル的な存在になっている事が確認できた。これからも、継続して地域の中での存在が発揮できるような工夫も必要だ思う。	**＜安心＞** ①いくつかの地域では、積極的に町づくりをしている住民がいる。 ②地区によっては、住民同士で地域をよくしていこうと話をしている所もある。 ③退職者だけではなく、サラリーマン世代も（地域づくりに）多く参加している。 ④高齢者支援センターから「〇〇して」と依頼されなくても、さらりと出来る。 ⑤南大谷あんしん相談室ができて、南大谷の住民は助かっている。 ⑥見守りネットワークがある（出来ている）。 ⑦個々の地区での見守り協力員・連絡員同士でのブロック会議も実施できている。 ⑧地区によっては小学生が多い。
町トレは体力づくりの場でもあるが、参加者同士での見守りや交流の場にもなっている。これからは、支援センターからの情報発信も有効に出来るのではないかと思う。もっと町トレが出来る場を探す必要性がある。	**＜便利＞** ①玉川学園・東玉川学園にはたまちゃんバスがある。 ②車いすでも通れるようなルートが明記されているゆっくり坂マップを地域住民が作っている。
インタビューの結果を振り返ると、直接言葉には出てきていないが、表情や想いを鑑みると、この地域に住んでいる方々は、地域への愛着がとても高いのではないだろうか。	**＜満足＞** ①町トレがあり（住民自身で立ち上げている）、町トレに参加出来ている事で助かっている。 ②町トレが見守りの場にもなっている（見守り活動にも繋がっている）。 ③地域ケア会議に参加している（出来ている）。 ④見守り協力員・連絡員の存在が多数ある。 ⑤住民が認知症サポーター養成講座のキャラバンメイトになっている。 ⑥そして、（住民が）サポーター養成講座を計画・実施している（年9回実施した時もある）。 ⑦ボール体操を実施している。

メンバーで、街を歩いてみました・・

　今回、委員会のメンバーで地域包括支援センターのヒアリングを併せて、ヒアリング先の地域を歩いてみました。これは、委員会メンバーが担当する地域の「街の歴史の話」「その地域の古地図」などに刺激を受け、「街を歩いて地域を知ろう」との試みの中、幾つかの地域をメンバーで「探訪」しています。

　「百聞は一見に如かず」・・・「街歩き」を通じて、その街の生活の「姿」や「匂い」を私たちは、理解することが出来ました。そして、街ごとに「歴史」があり、その歴史を通じて続く行事等が地域の「拠り所」となっている場合もあり、例えば江戸時代から続く「祭り」が拠り所になっている地域もありました。また、街の歴史は、地域の区割り等から読み取れることもあります。東京の区部は、江戸からの街づくり・街並みが今に繋がっているところがある一方、先の戦争で焼け野原になり、道幅や街割りが変わっている場合もあります。これらのことを「目抜き通り」「昔からの商店街」、そして「狭い裏路地」等を歩き、感じ、気づくことができました。

　以前、私はある調査でヨーロッパを訪ねたことがあります。こちらもまた、日本の街づくり・街並みと違いますし、その街の歴史、住民の価値観も日本と異なる「成立ち」「考え方」であったことを覚えています。ソーシャルワーカーとして、様々な視点で「個別性」を意識していたつもりですが、どうも「自分が体験・経験している地域性から、地域を見立てる」習慣がどこかに残っていたようです。今

回、委員会メンバーと「自分が知らぬ地域を歩き、その地域住民と意見交換をしたことで、地域を見立てる」ことへの見識が広がったように思います。そして、自分の地域の強みや課題を再発見できたようにも思います。更に、どの地域でも「自分の地域を良くしていこう」「地域課題への問題意識を持っている」等、地域のことを考えている住民の方が、少なからずいることがわかり、嬉しい思いと「住民の方々とのパートナーシップのヒント」を得たようにも感じています。

　16世紀、当時のイギリスの福祉の仕組みの始まりでは、地域の「教区」を中心に福祉を展開したと聞きます。その頃から、地域単位で「住民の課題を住民の力と共に、解決してゆく」取組みが行われていたようです。それから500年以上、時を経た日本では「地域包括ケアシステム」「地域共生社会」が唱えられ、「地域単位」で住民が持つ課題を住民と一緒に解決するみちを歩み始めています。「少子高齢化社会」という課題から始まった考え方ですが、その一方で、日本が「成熟した社会を作ってゆく」新たな取組みの一歩であるとも、考えられます。

　「江戸の文化」「明治維新・文明開化」「戦争」「高度経済成長・先進国の仲間入り」等、様々な変化・成長を遂げた日本、そして東京。住民と、街の成長・課題などを一緒に考え暮らしてゆく時代ではないかと、今回の調査を通じて、私は考えが深まってきております。これからの東京、皆様の地域を見つめ直すためにも、まずは、担当地域を歩いてみませんか？　新しい「発見」と「地域のパートナーとの出会い」が、待っているかもしれません。

（沼田　裕樹）

第3章

（論説）地域診断と福祉分野におけるパラダイム転換

論説 地域診断と福祉分野におけるパラダイム転換

公立大学法人 高崎経済大学 加藤昌之

要 旨

　本論説の第3章では、第1章で示した地域診断ヒアリングシート（以下、「我がまちシート」という。）を用いた地域診断方法の意義について解説しています。支援センターのネットワーク委員会では、これまで研究機関などから示された地域診断手法では、ダイナミックあるいは緩やかに変化し続けている自分たちの地域を捉えることが難しいと感じていました。そこで、地域住民等と共に地域づくりを進めるためのアセスメントツールを開発し、このツールを活用して、地域を多角的、多元的に見ることの意義、留意点、地域包括ケアシステム構築に必要な地域診断ポイントについて整理しています。

【キーワード】 地域づくり、感覚データ、時間・空間・制約、規範、規範的統合、
　　　　　　　サイレント・マジョリティ

1. 今回の調査目的、時期、地域、調査対象者、調査会場、調査方法

①調 査 目 的：地域包括支援センターおよび社会福祉協議会職員が、我がまちシートを活用し、特定地域の特性把握
②調 査 時 期：2017年2月～同年6月
③調 査 地 域：台東区、千代田区、府中市、国分寺市、町田市
④調査対象者：地域住民および社会福祉活動者
⑤調査会会場：区民館、地域包括支援センター会議室、公会堂、市民活動団体事務所
⑥調 査 方 法：我がまちシートの主観的要素項目欄へ直接記入、面接による聞き取り

2. 本書の調査課題について

（1）本書の調査課題・私たちの取組

　今回の調査は、私たち委員が台東区、千代田区、府中市、国分寺市、町田市の住民を、任意に抽出してヒアリング調査を実施しています。そのため選ばれた調査対象者の意見が、その地域を代表した意見であると統計的に評価できないという課題があります。そのため本来ならば、自治体などによる全数調査やサンプリング調査が必要と考えています。

　一方、地域課題を「我が事」として、既に**地域づくり活動**を実践している人、**生きがい**を持って生活している人などを任意に選んでヒアリング調査することは、「地域包括ケアシステムの構築」、「地域共生社会」の実現に必要なことであると考え、この調査を実施しています。

（2）地域包括ケアシステム（保険商品）の企画・開発は、誰のために実施するのか

　地域包括ケアシステムは、誰のためのシステムかです。保険者である自治体のためでしょうか？

　地域包括ケアシステムとは、「ニーズに応じた住宅が提供されることを基本とした上で、生活上の安全・安心・健康を確保するために、**医療**や**介護**のみならず、**福祉サービス**を含めた様々な

生活支援サービスが日常生活の場（日常生活圏域）で適切に提供できるような地域での体制」(注1)と定義されています。

　この定義だけをみると**地域包括ケアシステム**は、**サービスが適切に提供できるような地域での体制**であって、それは保険者である自治体が、介護保険サービスを適切に提供するための仕組みと解釈できます。そして「適切に」とは、①「サービスの受益範囲＝行政区域内」、②「サービス＝公平・平等・均等に行き渡る」ことを意味するという解釈が成り立ちます。

　したがって地域包括ケアシステムの構築とは、保険者である自治体の範囲において医療・介護・福祉サービスが、公平・平等・均等に行き渡る地域の体制づくりということになります。

　このように解すると地域包括ケアシステムという商品の企画・開発は、保険者である自治体のためであり、自治体のための企画・開発・市場調査に陥る危険が付きまといます。

　ところが最近の地域ケア研究会報告書では、地域包括ケアシステムの定義について「**地域の住民**が心身の状態が悪化した場合でも、住み慣れた地域において生活を継続できるような仕組み」(注2)と表現されています。つまり**地域包括ケアシステム**は「行政」のためではなく、地域住民のための地域システムであることが明確です。

　さらに『地域マネジメントに基づき形成される地域包括ケアシステムが目指すものが、①利用者からみた「一体的」なケアを提供する仕組みであること、②その具体的な姿や構築の過程は一定の共通点が認められるものの、地域ごとに異なるものであること』(注3)とされています。

　ここから分るように**地域包括ケアシステム**があっても、他のシステムや商品の企画・開発と同様、**「誰のため」**に、**「何を」**、**「どのように提供するのか」**、利用者（地域住民）の視点と「地域ごとに異なる」システム（商品）の企画・開発とそのための市場調査（マーケティング）を忘れてはならないのです。

　そのような商品企画・開発の際の市場調査がどのようにおこなわれているのかを次で概観してみましょう。

（注1）地域包括ケア研究会　地域包括ケア研究会報告書～今後の検討のための論点整理～　平成21（2009）
　　　　年3月　6頁
（注2）三菱UFJリサーチ＆コンサルティング　＜地域包括ケア研究会＞地域包括ケアシステムと地域マネジ
　　　　メント　平成28（2016）年3月　6頁
（注3）前掲書　6頁

①**商品を企画・開発する際の市場調査**

　商品を企画・開発する際、消費者地域の特性把握が欠かせません。そして地域特性を把握するためには、統計的に評価できる手法を用いた市場調査が一般的です。

　例えば、地方自治体が策定する介護保険事業計画は、本来ならば保険者である**自治体**が保険加入者である被保険者の生活している地域の実態を解明するため**全数調査**または**サンプリング調査**をし、そこから得られたデータの**集計**、**分析**、**解析**によって介護保険サービスという商品の企画・開発を進めます。

　自治体によっては、全数調査やサンプリング調査から得られたデータ分析・解析により地域特性の握把と創意工夫をし、より良い介護保険と日常生活支援サービス提供の仕組みづくりをし、その地域ならではの地域包括ケアシステムの構築を目指している自治体があります。それに対

し、データ集計だけにとどまった介護保険事業計画の見直しがなされている場合もあります。

　もっとも商品によっては、マイナーチェンジによって消費者のニーズを捉えて人気商品となる場合もあります。しかし、そのようなマイナーチェンジであってもデータ分析、解析の結果が反映されているのです。自治体による市場調査（マーケティング）であっても、先に述べた「誰のため」の商品企画・開発・市場調査（マーケティング）なのかを忘れてはならないのです。「誰」とは、第1号被保険者、第2号被保険者、さらに将来被保険者となる人たちなのです。そして介護保険事業計画であってもその人（消費者）たちの**ニーズ（必要性）**だけではなく、**ウォンツ（潜在的欲望）**、地域住民の**シーズ（技術やアイディア）**、**地域特性（地域資源）**を反映させるための市場調査を実施し、介護保険サービス（商品）の企画・開発・提供が必要なのです。

　介護保険が**地方自治の試金石**と言われるゆえん（理由）は、地域住民のニーズ、シーズ、地域特性を反映できるから、そして何よりも消費者のウォンツを反映させることができる仕組みであるからだと私は考えています。

　地震保険、火災保険、自動車保険等は、新たな保険商品を開発する際、市場調査の結果（データ集計・分析・解析）に基づき、現在と将来のニーズ、シーズ、ウォンツに応える保険商品の開発がなされます。ところが新たなニーズに応えるための新型保険商品あるいは既存の保険に特約などを付加すれば保険料が高くなることもあります。高額な保険を購入できる消費者はおのずと限定されてきます。しかし潜在的欲望（ウォンツ）に応える商品となれば、購買意欲が高まるでしょう。

　介護保険の場合、自治体によって**保険料**、介護保険サービス、日常生活支援総合事業が異なったとしても、自分が良いサービスを提供していると感じた自治体の保険サービス等の購入は、住所地を変えない限り原則的に無理なのが現状です。

　このように税と保険料によって運営されている介護保険であったとしても他の保険商品設計と同様、地域住民（利用者）のニーズ、シーズ、ウォンツ、そして地域特性が反映され、地域ごとに**創意工夫**された商品（地域包括ケアシステム）企画・開発とそのための市場調査が必要であり、それが目指す**地域福祉の推進**であると私は考えています。

②地域包括ケアシステムの構築と人権との関係

　地域包括ケアシステムの構築は、**憲法13条**に規定された**幸福追求権**と**憲法25条**に規定された**生存権**が、**確保される**ような**地域福祉の推進活動**といえます。

　例えば障害があり要介護5と認定された高齢者であっても、自宅で生活し続けたいと願う**自由**があります。この自由実現のためには、生存に必要な医療、身体介護、生活援助を求める権利などの**社会権**、意思疎通を可能にするための支援によって確保される**表現の自由**、移動支援によって確保される**自由（個人の人格的生存に不可欠な利益を内容とする権利の総体）**[注4]があります。これらの権利が確保されることによって私たち人間が、どのような状態になっても（どのような状態であても）一人ひとりの**尊厳**が保たれ、そして**自立**した生活をおくることが可能になると私は考えています。

　たとえ障害や病気があり、子どもあっても高齢であっても基本的人権が尊重される社会の仕組みにすること、それが地域包括ケアシステムの構築だと考えます。

（注4）芦部信喜著・高橋和之補訂　憲法第4版 117頁　岩波書店　2007（平成19）年3月

③専門職による地域生活者へのヒアリング調査

　地域包括支援センターや社会福祉協議会で地域診断や地域づくりを行う担当職員は、社会福祉法第４条 ^{（注5）} で定めている「地域住民等」であり、コミュニティワーク（地域援助技術）を専門職とし、地域アセスメント等をおこなっている「社会福祉活動者」です。

　私たちは、改正社会福祉法第４条１項で規定された地域住民等が地域づくりを推進するために地域住民**一人の課題**と一人ひとりが感じている**良い事柄**を聞き取り、その**地域特性**を把握し、**地域課題**を解決するという一連のプロセスを共に繰り返すことに着目しました。

　このように**地域住民等**が、地域の課題と利点に気づき、学びあい、**共感**と他者を**認めあい**、一人ひとりを支えることができる**地域づくり**を目指すものです。このこともコミュニティワークの一つだと考えます。

　そこで地域包括支援センターや社会福祉協議会職員がおこなう社会福祉実践、**コミュニティワーク**としの地域診断または地域アセスメントは、このような視点からおこなわれているのでしょう。

（注５）改正社会福祉法第４条１項には「地域住民、社会福祉を目的とする事業を経営する者及び社会福祉に関する活動を行う者（以下「地域住民等」という。）は、相互に協力し、福祉サービスを必要とする地域住民が地域福祉を構成する一員として日常生活を営み、社会、経済、文化その他あらゆる分野の活動に参加する機会が確保されるように、地域福祉の推進に努めなければならない。」と規定されています。今回の社会福祉法の改正性によって、「地域住民等」という文言が加わりました。つまり地域住民等の中には、地域住民だけではなく、社会福祉事業経営者と社会福祉に関する活動を行う者が加わったのです。つまり地域包括支援センターや社会福祉協議会で地域診断や地域づくりを担当職員も地域住民等に含まれたのです。改正社会福祉法第４条等の説明は、本書第４章68頁以下参照

（3）コミュニティワークにおける地域アセスメント項目と本書の我がまちシート項目

　中央法規出版の「改訂コミュニティワーク入門」には、表１のような地域アセスメント項目が示されています。

　本書で示した**我がまちシート**は、表１にある項目（太枠）「地域住民」、「住民組織・団体」への**ヒアリング用**と考えてください。

（表1）

項目	例	解釈・活用方法
地域の歴史と文化	冠婚葬祭の習慣 お祭り	住民コミュニティ意識
環境	行政による地域の分け方 地理・地形による地域範囲 産業構造（昼間夜間人口） 住宅状況（一戸建て、新興住宅地域） 交流の場（公演、公民館、ショッピングセンター）	地域内の人的交流 サービス利用量 住民リーダー確保の困難性
地域住民	人口動態 地域に対する住民の意識 地域のネットワーク 平均的な価値観・行動様式	地域介入の指針
住民組織・団体	住民組織・団体への会員の入会状況 会員の活動への参加・出席状況 活動内容と頻度 組織・団体の運営方法	地域問題に対応する機能
情報の伝達・コミュニケーション	地域情報誌・ちらし・回覧板 井戸端会議・口コミ	情報伝達方法と意思決定に影響を与えるコミュニケーション方法の確認
権力構造	公式的リーダー 非公式的リーダー 力関係・リーダーに対する支持率 政治意識の高低	意思決定に重要な役割 地域介入の指針
社会資源構造の把握	社会資源の存在 サービスの種類と分布状況と今後の計画 市町村・都道府県・国レベルの制度・計画 住民への社会資源情報伝達状況	地域介入の際の活用資源

（白太文字・青枠：筆者加筆）

出典：高木 寛之 著「地域特性を取らせる視点に関する基礎研究」34頁 山梨県立大学人文学部紀要 Vol.11 2016（平成28）年3月
参考：杉本敏夫・斉藤千鶴編「改訂コミュニティワーク入門」45～50頁 中央法規出版 2007（平成15）年3月

3．本書の我がまちシートによる地域診断方法・射程

1．本書の我がまちシートを用いての地域特性の判断方法

今回の地域診断方法は、客観的要素と主観的要素を指標としています。

（1）本書における客観的要素

客観的要素は、地域人口、高齢者人口、前期高齢者数、後期高齢者数、単身高齢者数、介護認

定率の6要素です。

（2）本書における主観的要素

主観的要素は、不安、不便、不足、安心、便利、満足の6要素です。

地域住民が不安、不便、不足と感じている不快な物事から地域課題を推測し、安全、安心、便利と感じている快適な物事から地域の利点を推理することを試みました。

2．本書の我がまちシートの射程

この我がまちシートは、地域で生活する多様な主体が、地域データと住民の声を把握し、将来の**あるべき地域像**を描き、それを**共有**し、地域づくりの**具体的行動計画**を**立案**するための資料とするところまでを射程としています。

そして本書における地域づくりは、『地域の資源を活用しながら、住民を含め地域における多様な主体の連携による「地域づくり」』(注6) を意味します。

したがって**地域づくりの主体**は、住民を含め地域における**多様な主体**です。そして私たちが考える多様な主体とは、地域で生活する市民（自然人）と事業所（法人・みなし法人）です。本書で示した我がまちシートそれ自体は、多様な主体と共に地域を診断し、地域の将来あるべき姿を共に考えるための白地図のようなものです。

（注6）厚生労働省　平成28年度版厚生労働白書146頁

4．地域づくりの原点と地域づくりにおける規範的統合の意味

1．地域づくりの原点

地域づくりの**原点**は、地域住民等が、その地域の現状、課題、利点を知り、課題解決後の未来像、ビジョンを描き共有することだと考えます。地域包括ケア研究会の言葉を借りれば「地域包括ケアシステムの構築に関する基本方針が、同一の目的のために、地域内の専門職や関係者に共有されている状態（**規範的統合**）」(注7) が、地域づくりの原点ではないでしょうか。

（注7）三菱UFJリサーチ＆コンサルティング　＜地域包括ケア研究会＞地域包括ケアシステムを構築するための制度論等に関する調査研究事業報告書　4頁　2014（平成26）年3月

2．地域づくりにおける規範的統合の意味

私たちが考える**規範的統合**とは、介護保険法1条で明記されている「尊厳の保持」という理念を実現するため、地域づくりに携わる人たちが具体的に描いた地域の未来像を共有し、その未来像を構築するために、いかに行動すべきか、そしてその**理由の共有**です。

例えば、私たちは野に咲く「コスモス（秋桜）」を見て、「秋が来た」あるいは「秋が来たから」と判断します。そして「やがて冬が来る」ことを想起（推論）し、「冬に備えてセーターを用意すべきだ」と考えます。さらに衣料品販売関係者は「やがて冬が来るから、冬物衣類の販売準備をすべきだ」と考えます。

このように私たちは、**感覚データ**（量、質、原因と結果の関係性、様相）から、「〜すべきこ

と」、つまり規範を推測し、感覚データから観察される地域の現状を共有することによって、「今（**時間**）」、「この地域（**空間**）」で、「すべきこと（**規範**）」の共通認識（**統合**）が可能となります。

　地域づくりも同様です。私たちが地域づくりを始めようとするとき、初めに地域の現状をデータで把握し、地域の課題や利点を調べます。次に現状、課題、利点のデータから地域の将来を推論します。そして子どもから高齢者まで、障害の有無に関わらず、住み慣れた地域で、住み続けるために、地域はどうあるべきか、どのような地域にすべきかを考えるでしょう。

　その結果、地域のあるべき未来像を描くことができ、その未来像を地域の人たちが共有し、地域づくりに関わる人たちも未来像を共有することによって、その地域特性に応じた地域づくりが可能になるのです。

5．地域診断を実施する際に留意すること

　地域診断を実施する際に留意したことは、次の３点です。

　　　留意点１：データから見える地域は、それなりに正しい
　　　留意点２：多元的、多角的に地域診断をする
　　　留意点３：地域診断の目的を明確にする

（1）留意点１：データから見える地域は、それなりに正しい

　2011（平成23）年３月に日本福祉大学福祉政策評価センターがまとめた「地域包括ケア推進のための地域診断の方法と活用事例（平成22年度老人保健健康増進等事業報告書）」の「はじめに」には次のような記述があります。

> 　「日本福祉大学福祉政策評価センターでは、これまで介護保険の給付分析と自治体が活用可能なツール（ソフト）の開発を進めてきており、…これらの分析ツールを用いることで、圏域や状態像（認知症）別に介護保険の利用者数や利用実態を、時系列の変化も含めて詳細に把握でき、基礎的な地域診断のツールとして有効であると考えている。
>
> 　一方、これらのデータは、介護保険給付の範囲にとどまるとうデータ上の制約があるため、…包括的で一貫した支援のためのデータとしては、十分な情報とはいえない。
>
> 　そこで、日本福祉大学では…これまで蓄積してきた介護保険給付実績を中心としたデータベースに、介護保険では把握が難しい情報を付加することで、一人の人を包括的に支援するための基礎データベースを構築し、地域診断のためのツールとして活用することを目指した。」[注8]

　つまり感覚から得られる**データ**（例えば量に関するデータ、質に関するデータ、原因と結果という関係性に関するデータ等）は、「時系列の変化」という「時間」、そして「圏域」という「空間」、すなわち「いつ」「どこ」という「**時間**」と「**空間**」の規定を受けて観測されたデータなのです。そのような規定を受けたデータで地域を診断するわけです。

　したがって、いかなる分析ツールを用いて地域診断をおこなったとしても、分析対象となるデータは**時間的・空間的規定**を伴ったデータでしかないのです。しかし時間的・空間的規定をともなったデータであっても、その規定の範囲で、その分析は、「**それなりに正しい**」のです。

　次の図柄を見てください。心理学で知られている「**ルビンの盃**」と呼ばれる図柄です。白黒で描かれている図柄の白い部分（白い感覚データ）に集中すると、図柄は盃に見えます。

一方黒い部分（黒の感覚データ）に集中すると、図柄は二人の女性が向き合っているようにも見えます。同じ図柄でも、白と黒のどちらに意識を集中するかによって、同じ絵でも違った絵に見えるのです。しかし、「どちらもそれなりに正しい」のです。

地域データも、どの数値に集中するかによって、地域の**様相**は違ったものとして、私たちに見えるのです。ですが、それは、それなりに正しい**地域**なのです。

（注８）日本福祉大学福祉政策評価センター　「地域包括ケア推進のための地域診断の方法と活用事例（平成22年度老人保健健康増進等事業報告書)」2011（平成23）年３月

（２）留意点２：多元的、多角的に地域診断をする

先程の「ルビンの盃」を見るように、地域診断もどこに意識を集中するかによって、地域は異なった様相を呈します。

したがって同じ地域でも観察する者が意識（視点）を変えると、その地域は違って見えるはずです。それどころか、正反対に見えたりもすることがあります。単に見えるというだけではなく、違った意味、正反対の意味をもつことすらあります。ですから物事を見る場合も地域を診断する場合も、多角的に多元的に観察する必要があることを「ルビンの盃」は示唆しているといえます。

（ア）「何か」とは何か

本書の「はじめに」で和田氏が『客観的データだけではわからない「何か」がありました』と述べています。その「**何か**」とは、何かです。

その「何か」とは、「ルビンの盃」を**白の視点**だけ、あるいは**黒の視点**だけから見たときのように、地域を一つの視点から見ていたということだといえます。地域の状況が分らない「何か」を感じたのは、地域を人口、高齢者数といった客観的データの視点だけから見ていたことに起因している可能性があります。その結果、地域の**リアリティ**を認識することにつながらず、地域の状況が分らないと感じたのではないでしょうか。このようなことは、地域づくりに関わる人たちが感ずることだと思います。

（イ）多角的、多元的に物事を見ることの意義

多角的、多元的に物事を見ると、物事をリアルに捉えることができます。ですから私たちは、客観的な要素に加えて主観的要素も加味することで、地域をリアルに、立体的に診断しようと試みました。

そもそも私たちは、生物学的構造からして二つの目を持っています。このことは常に「**二つの視点**」から物や世界を認識し、そのことによって物事をリアルに捉えるようにできています。地域診断においても「**二つの視点**」、つまり「**客観的要素**」と「**主観的要素**」の視点から地域を診

断すれば、地域をリアル、立体的に捉えることが可能となると考えています。

　さらに多角的、多元的な観測方法として、私たちは多様な主体にヒアリングし主観的要素を観察する方法を採用しました。

（3）留意点３：地域診断の目的を明確にする

　地域診断の目的、つまり誰のために、何のために地域診断をするのかといった**目的**を明確にすることに留意する必要があります。

　日本の人口は2004年をピークに減少に転じ、今後の減少ペースは、加速が予想されています。[（図Ⅰ-1）] さらに2005年に8,442万人だった生産年齢（15〜64歳）人口が2050年には4,930万人（約3,500万人減少）となることが推計されています。[（図Ⅰ-2）] そして2017年2月1日現在の日本の人口は、1億2679万人[（注9）]で、前年同月に比べて22万4千人減少しているのが現実です。

　この現実データと将来推計データから、今までの人口増加、生産年齢人口の増加を前提とした我が国の各種制度設計の見直しが迫られているのです。

　私たちが生活する地域の現実と将来の数値を見ると、2030年、2050年には、人口増を前提とした制度で地域を維持できないことが容易に想像できると思います。日本の総人口が減少し続

図Ⅰ−１　我が国の人口は長期的には急減する局面に

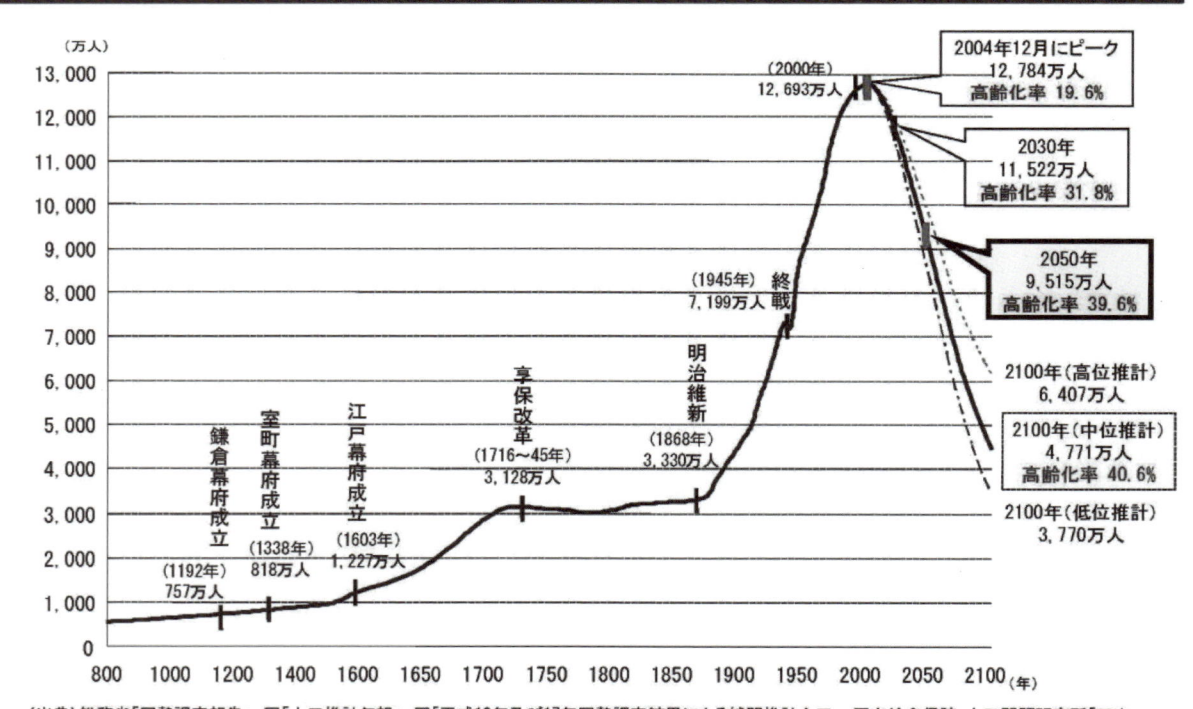

○日本の総人口は、2004年をピークに、今後100年間で100年前（明治時代後半）の水準に戻っていく。この変化は千年単位でみても類を見ない、極めて急激な減少。

（出典）総務省「国勢調査報告」、同「人口推計年報」、同「平成12年及び17年国勢調査結果による補間推計人口」、国立社会保障・人口問題研究所「日本の将来推計人口（平成18年12月推計）」、国土庁「日本列島における人口分布の長期時系列分析」（1974年）をもとに、国土交通省国土計画局作成　2

出典：国土審議会政策部会長期展望委員会「国土の長期展望」中間とりまとめ　2011年2月21日

図Ⅰ－2　2050年には日本の総人口は3,300万人減少

〇日本の総人口は、2050年には、9,515万人と約3,300万人減少（約25.5%減少）。
〇65歳以上人口は約1,200万人増加するのに対し、生産年齢人口（15-64歳）は約3,500万人、若年人口（0-14歳）は
　約900万人減少する。その結果、高齢化率でみればおよそ20%から40%へと高まる。

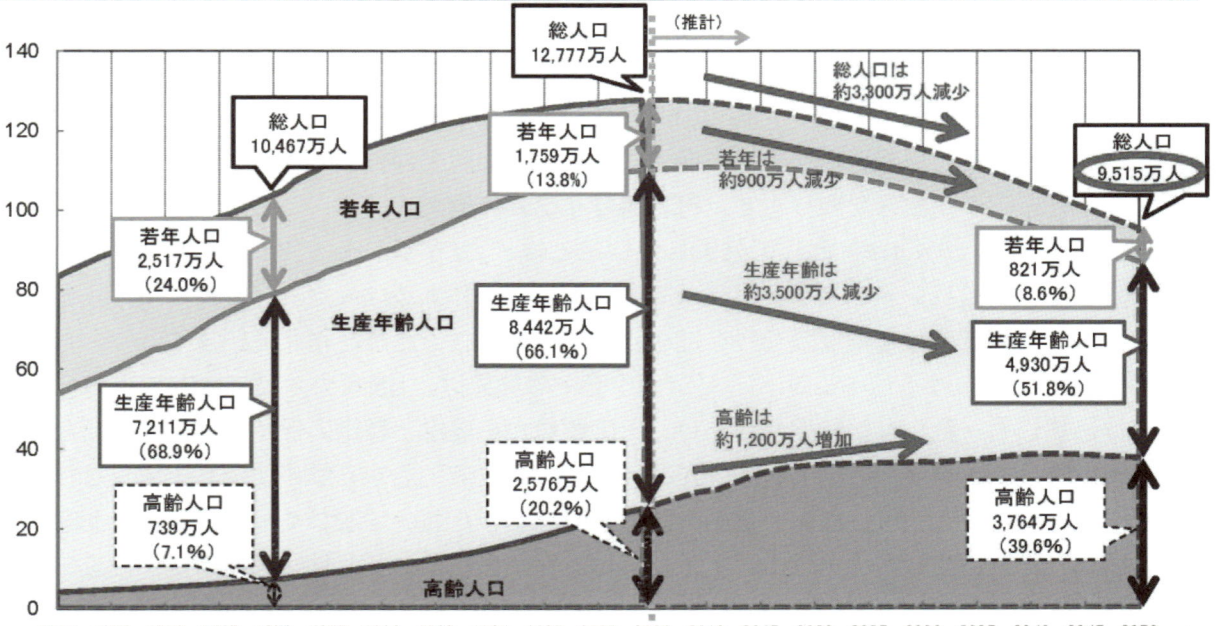

（出典）総務省「国勢調査報告」、同「人口推計年報」、国立社会保障・人口問題研究所「日本の将来推計人口（平成18年12月推計）」における出生中位（死亡中位）推計をもと
　　に、国土交通省国土計画局作成
（注1）「生産年齢人口」は15～64歳の者の人口、「高齢人口」は65歳以上の者の人口　　　　　　（注3）2005年は、年齢不詳の人口を各歳別に按分して含めている
（注2）（ ）内は若年人口、生産年齢人口、高齢人口がそれぞれ総人口のうち占める割合　　　　（注4）1950～1969、1971年は沖縄を含まない

出典：国土審議会政策部会長期展望委員会「国土の長期展望」中間とりまとめ　2011年2月21日）

け、若年層（0～14歳）、生産年齢層（15～64歳）、高齢層（65歳以上）の人口構成が変化し、**少子高齢化**する日本と地域、つまり誰もが、住み慣れた地域で、住み続けるために、地域はどうあるべきか、どのような地域にすべきか、を改めて考える時期に私たちは直面しているのです。

　さらに将来の人口構成は介護保険の保険者である自治体ごとに異なり、同じ自治体の地域であっても、それぞれの地域で異なった状況になることは容易に推測されます。この点から考えても、丁目ごとの人口や高齢者数などのデータを分析し、その推移を解析しつつ、その地域で生活する市民の想い、課題、利点を捉えた地域づくりをすること、それが『地域の資源を活用しながら、住民を含め地域における多様な主体の連携による「地域づくり」』[注10]につながると考えています。

（注9）総務省統計局　人口推計　平成29年7月報（平成29年2月確定値）
（注10）厚生労働省　平成28年度版厚生労働白書146頁

6. 地域包括ケアシステム構築に必要な地域診断5ポイント＋One

　地域包括ケアシステムを構築するために地域診断を地域生活者である私たちが行う場合、次の5ポイントが大切だと私は考えています。

　ⅰ）地域を**リアリティのある圏域**として把握する

　ⅱ）感覚データとしての**客観的要素**に加えて、**主観的要素**に注目する

　ⅲ）それらを通じてダイナミックあるいは緩やかに**変化し続ける地域**を切り取る

　ⅳ）地域生活者等と保険者である地方自治体が、**未来地図**を**共有**して地域づくりをする

　ⅴ）この一連のプロセスを繰り返す（**PDCAサイクルの展開**）

　この5ポイント「＋One」として強調したいことは、「**サイレント・マジョリティ**」[注11] の**掘り起し**」です。サイレント・マジョリティを掘り起し、そのような人たち（多様な主体）と**連携**することは、**創意工夫**した地域づくりを進めるために大切なことだと考えています。

　なぜなら地域におけるサイレント・マジョリティの意見は、「識者やオピニオン・リーダーの見解とは必ずしも一致しない」場合があり、その意見から**自由**と**尊厳**の保持に結びつく新たな取組を生み出すヒントを見つけ出す可能性があります。地域で生活するサイレント・マジョリティの意見に注意深く耳を傾け、**自由**と**尊厳**の保持を目的とした真の**地域づくり**、**地域包括ケアシステムの構築**、**地域共生社会**の実現に、本書が示した我がまちシートと地域診断事例が役立つと考えています。

（注11）**サイレント・マジョリティ**とは、『**「静かなる多数派」**という意味の言葉。有権者の多くは強く意見を表明することはあまりないから無視してしまいがちであるが、注意深く耳を傾けるべきであるという含みを持つ。これは、マスコミがしばしば注目する強い主張を持った評論家のような少数の論者たちとは異なり、おおむね穏健で保守的な考え方を持つ場合が多いので、**識者やオピニオン・リーダーの見解とは必ずしも一致しない。**』（ブリタニカ国際大百科事典 小項目事典）

（加藤　昌之）

第4章

（論説）改正社会福祉法と福祉分野におけるパラダイム転換

改正社会福祉法と福祉分野におけるパラダイム転換

公立大学法人 高崎経済大学 加藤昌之

要　旨

　第4章では、2018年4月1日に施行された改正社会福祉法の中核といえる10の法規定について解説しています。特に福祉分野におけるパラダイム転換といわれている「確保」（名詞）＋「される」（他動詞の受身形）によって描写さる動的事象の意味、認識の枠組み、認識そのものの転換に向けて地域住民等、自治体、国がなすべきことや役割について解説しています。さらに認識状態を質的に診断する先行研究についても紹介しています。これらを理解したうえで、自由と尊厳の保持を目的とした地域づくりを目指すことの意義を示しています。

【キーワード】パラダイム（認識の枠組み）、確保、〜される、機会、地域福祉、
　　　　　　　基本的人権、自由

1. 本書の目的と「地域」の範囲

（1）本書の目的

　本書の目的は、参考資料で示した我がまちシートを用いて、専門職と地域住民が一緒に地域課題を整理し、「10年後はこんな町にしたい」というビジョンを共有し、その結果、自分たちの地域にオリジナルな**地域包括ケアシステム**を構築し**地域共生社会の実現**に寄与することです。

（2）「地域」の範囲

　本書での**地域**の範囲は、障害の有無に関わらず子どもから高齢者までの各人が、**自己決定する場**と**自己決定を実現する場**と考えています。この二種類の「場」が、**意思決定の自由**と**自由な意思決定に基づく行為と行動の自由**を実現する圏域であり、それを**日常生活圏域**と言い換えることも可能です。

　自己決定をする場と**自己決定を実現する場**は異なりますが、前者と後者の「場」の範囲は、自己決定する一方当事者である自己（本人）を中心点に、他方当事者（例えば、社会福祉士、介護福祉士、あるいは日常的にバスや電車を利用する際に手を差し出す人など）である**他者との日常的な関わり合いの範囲**と考えます。

　つまり関わり合いの他方当事者である「支援する者（機関）」あるいは「確保する者（機関）」の活動または活動可能な範囲が、地域の範囲（日常生活圏域）とはいえないのです。また、地域の範囲を**「顔の見える関係」**とする見解もあります。「顔の見える関係」を**判断する基準**についても同様です。自己決定の他方当事者である「支援する者（機関）」あるいは「確保する者（機関）」を基準に「顔の見える関係」として、その範囲を地域とすることは、国民の**個人の尊厳**、**生命**、**自由**および**幸福追求**の権利を定めた憲法13条の趣旨に沿った解釈といえないのです。

　いずれにせよ**自己決定をする場**と**自己決定を実現する場**としての**地域の範囲**は、厚生労働省（以下、「厚労省」という。）が提供する**地域包括ケア「見える化」システム**上の**日常生活圏域**と同等の場合（**小中学校区**）、地方都市などでは自治会・町内会等の**自治組織の範囲**と同等の場合、そして首都圏などでは**自治会組織より狭い範囲**の場合、さらに地域によっては**小中学校区より広**

い場合が想定されます[注1]。

（3）「地域」の範囲を定める際の基準

　「地域」の範囲を定める際の基準は、「日常生活を営むのに支障がある者」を基準にします。なぜなら国民の個人の尊厳、生命、自由および幸福追求の権利を定めた憲法13条の趣旨に沿う基準だと考えるからです。

　例えば、認知症のある人、重度の知的障害のある人、全身性障害のある人、視力や筋力低下、各種の疾病により生活範囲に制約が生じている人の場合、自己決定に基づく行為と行動は、**他者との関わり合い**[注2]によって表現され実現される場合があります。

　社会福祉士及び介護福祉士法第44条の2には「社会福祉士及び介護福祉士は、その担当する者が個人の尊厳を保持し、自立した日常生活を営むことができるよう、常にその立場に立って、誠実にその業務を行わなければならない」と規定しています。ここでいう「個人の尊厳を保持し、自立した日常生活を営むことができるよう」にする（支援または確保する）者は社会福祉士及び介護福祉士です。

　「日常生活を営むことができる」範囲の基準は、「身体上若しくは精神上の障害があること又は環境上の理由により**日常生活を営むのに支障がある者**（同法第2条）」を基準とすることから、社会福祉士及び介護福祉士を基準としていないことは明らかです。

（注1）2008年3月31日に厚労省社会・援護局でまとめられた「これからの地域福祉のあり方に関する研究会報告書」19頁には、「**地域の生活課題を発見するため**には、いわば**お互いに顔の見える環境づくり**が必要であり、それができるような圏域が自ずと**福祉活動の圏域**となる。」とあります。この考え方を方式化すると「地域の生活課題発見のため⇒お互いに顔の見える環境づくり⇒それができる圏域＝地域福祉活動の圏域」と捉えることができます。これもやはり「支援する者（機関）」または「確保する者（機関）」という認識の枠組み（パラダイム）が基底にあることが推測されます。地域課題の発見は、たしかに「顔の見える関係の範囲」で発見しやすいことはあり得ますが、生活課題を抱えている人の「日常生活圏域」は、「顔の見える関係の圏域」と同等ではないのです。

　　　一方「日常生活圏域」、つまり私たち一人ひとりの日常生活圏域といわれる領域でも、その領域内には「顔が見える関係の範囲」と「顔の見えない関係の範囲」が含まれて成り立ちえます。例えば集合住宅の場合、お隣さんとは「顔の見える関係」が成立していないにも関わらず、個人の日常生活圏域を定めることができます。なぜなら「日常生活圏域」という語の「日常」＋「生活」の「圏域」において、「関係性」の要素は必ずしも条件とはならないからです。「関係性」がなくても「日常生活圏域」は「圏域」として成り立ちえます。

　　　したがって「顔の見える関係の範囲」と「日常生活圏域」の領域は、大都市、地方都市、過疎地域の場合や、一戸建てが多い地域、集合住宅群地域、超高層マンション地域かによって異なってきます。例えば地方都市では、自治体に中学校区が一つだけということもあり、自治体面積が約38平方キロメートル、世帯数約4,700、人口約11,000といった地域があり、単なる顔の見える関係を日常生活圏域とするには難しい場合があります。同様に一戸建が多い地域、集合住宅群地域では、顔の見える関係が自治会などの範囲より狭い地域もあります。この観点からも地域福祉におけるパラダイム転換が必要なのです。

（注2）自己決定と他者との関係性については、樋澤吉彦の「自己決定／自律」および「自己決定権」につい

ての基礎的考察　―支援／介入の観点から―　新潟青陵大学看護心理学部 研究ノート（Core Ethics Vol.1）2005年 105〜115頁に哲学的、憲法学的視点からの考察がなされています。

2．本書と改正社会福祉法および他の施策との関連

（1）本書と「地域包括ケアシステムの強化のための介護保険法等の一部を改正する法律案」と各般の措置との関係

　本書で取り組んだ地域診断とその診断過程における地域づくり活動は、同時期に検討されていた社会福祉法第4条1項、同条2項、第5条、第6条2項の考え方および厚労省が目指す「地域共生社会」にも通じるものであり、地域包括ケアシステムの強化のための介護保険等の一部を改正する法律案（以下、「地域包括ケアシステム強化法案」という。）の実現に資するものにもなると考えます。このことを、改正社会福祉法について解き明かすことから始めます。

（2）社会福祉法改正に向けた検討会

　2016（平成28）年7月15日に『「我が事・丸ごと」地域共生社会実現本部（以下、「実現本部」という。）』が、厚労省に設置されました。第1回実現本部会議で提示された資料1『「我が事・丸ごと』地域共生社会実現本部について」の「1．趣旨」には、次のように書かれています。

> 『今般、一億総活躍社会づくりが進められる中、福祉分野においても、パラダイムを転換し、「支え手側」と「受け手側」に分けられるのではなく、地域のあらゆる住民が役割を持ち、支え合いながら、自分らしく活躍できる地域コミュニティを育成し、公的な福祉サービスと協働して助け合いながら暮らすことのできる「地域共生社会」を実現する必要がある。』
>
> （傍点と下線　引用者）

　この部分が、社会福祉法の改正に反映したと考えられます。
　また資料2「地域包括ケアの深化・地域共生社会の実現」には、「高齢者・障害者・子どもなど全ての人々が、1人ひとりの暮らしと生きがいを共に創り、高めあう社会（「地域共生社会」）の実現と、対象者ごとの福祉サービスを「タテワリ」から「まるごと」へと転換する」[注3]とした社会福祉法の改正によって創り出す地域の姿、つまり「地域共生社会」の骨格が示されました。

（注3）厚労省　資料2　地域ケアの深化・地域共生社会の実現　平成28年7月15日

（3）改正社会福祉法の意義とパラダイム転換

a）改正社会福祉法の意義

　社会福祉法と社会福祉関連法規（子ども・子育て支援法、障害者の日常生活及び社会生活を総合的に支援するための法律、介護保険法、生活困窮者自立支援法など）との関係は、一般法と特別法との関係です。社会福祉法が一般法であり、社会福祉関連法規が特別法という関係です。一般法とは、その分野、つまり社会福祉関連法規に対し一般的に適用される法を意味し、特別法とは、その分野、つまり介護保険法、生活困窮者自立支援法に対し特別に適用される法を意味します。したがって社会福祉法は、社会福祉関連法規に共通する原則を定めた法です。

　つまり2017（平成29）年4月1日に施行された**改正社会福祉法**に、子ども・子育て支援、障害者の日常生活支援、高齢者支援、生活困窮者自立支援に**共通する原則**が定められ、その原則に基づいて社会福祉関連例法規が体系化され、政策の立案・執行が、この原則に基づき実行されるという意義があります。

　これまで介護保険法の枠内で実施されてきた地域支援事業[注4]の基本的考え方が、改正社会福祉法第4条2項に「地域生活課題の解決に資する支援」として位置づけたといえます。

　地域包括ケアシステムの構築は、介護保険法、同法施行規則、厚生労働省令、地域支援事業実施要綱、介護予防・日常生活支援事業ガイドライン[注5]に基づいて進められています。

　しかし、地域の互助、民間サービスとの役割分担を踏まえた社会参加の場や地域づくりの推進、生きがいや役割をもって生活できる地域の実現を目的する地域福祉の推進に関する**明確な規定**が介護保険法第115条の45にありませんでした。

　今回の改正社会福祉法第5条において「地域福祉推進に係る取組を行う他の地域住民との連携」を福祉サービスの提供の原則とし、同改正法第6条2項には国及び地方公共団体の責務として「地域住民等が地域生活課題を把握し、支援関係団体との連携によりその解決を図ることを促進する施策を講ずるように努めなければならない」と定めたのです。

　地域福祉の推進・連携・促進施策を社会福祉法に定め、社会福祉の目的・理念・原則としたこと、それが地域包括ケア強化法（案）として関係する法規が一括改正され、その目的・理念・原則が体系的に整備されたのです。

　厚労省は、地域包括ケア強化法（案）が国会で可決・成立する前、2016（平成28）年7月15日に『**「我が事・丸ごと」地域共生社会実現本部**』を設置し、「地域包括ケアの深化・地域共生社会の実現」に向けた保健医療システムの構築を示しました。

　さらに2017（平成29）年2月7日には、「地域共生社会」の実現に向けて（当面の改革工程）が示されました。そこには**急速な人口減少期**に入った日本で**顕在化している課題**（①地域における多様な支援ニーズへの適格な対応、②社会的孤立、③身近な生活課題：電球の取り換え、ごみだし、買い物や通院のための移動、④制度の狭間の問題：軽度の認知症、精神障害が疑われ様々な問題を抱えている人）に対する**支援あり方**として**二つの改革**が示されています。

　改革の一つ目は**公的支援のあり方**であり、「公的支援のあり方を『縦割り』から『丸ごと』へ転換する改革」[注6]です。改革の二つ目は**地域住民の主体的な地域づくりであり**、「地域住民の主体性に基づいて、『他人事』ではなく、『我が事』として参画」[注7]することです。この二つの改革によって、『**我が事**』・『**丸ごと**』の地域づくりを育む仕組みへと転換し、「**住民一人ひとりの暮らしと生きがい、地域を共に創っていく社会を目指す**」[注8]ことです。この二つが厚労省の改革基本コンセプトであり、このコンセプトに基づき、地域包括ケアシステムの構築と地域共生社会の実現に向けた法整備がなされたのです。

　（注4）介護保険法第115条の45第1項　市町村は、被保険者が要介護状態等となることを予防するとともに、要介護状態等となった場合においても、可能な限り、地域において自立した 日常生活を営むことができるよう支援するため、地域支援事業として、次に掲げる 事業を行うものとする。（以下「第一号事業」という。）

　　　　イ　・・・「第一号訪問事業」・・・
　　　　ロ　・・・「第一号通所事業」・・・

ハ　・・・地域における自立した日常生活の支援として厚生労働省令で定めるものを行う事業（ニにおいて「第一号生活支援事業」という。）

ニ　・・・介護予防を目的として、厚生労働省令で定める基準に従って、その心身の状況、その置かれている環境その他の状況に応じて、その選択に基づき、第一号訪問事業、第一号通所事業又は第一号生活支援事業その他の適切な事業が包括的かつ効率的に提供されるよう必要な援助を行う事業（以下「第一号介護予防支援事業」という。）

第2項　市町村は、介護予防・日常生活支援総合事業のほか、被保険者が要介護状態等となることを予防するとともに、要介護状態等となった場合においても、可能な限り、地域において自立した日常生活を営むことができるよう支援するため、地域支援事業として、次に掲げる事業を行うものとする。

一　被保険者の心身の状況、その居宅における生活の実態その他の必要な実情の把握、・・・福祉の増進を図るための総合的な支援を行う事業

二　・・・その他の被保険者の権利擁護のため必要な援助を行う事業

三　・・・当該被保険者が地域において自立した日常生活を営むことができるよう、包括的かつ継続的な支援を行う事業

四　医療に関する専門的知識を有する者が、介護サービス事業者、居宅における医療を提供する医療機関その他の関係者の連携を推進するものとして厚生労働省令で定める事業（前号に掲げる事業を除く。）

五　被保険者の地域における自立した日常生活の支援及び要介護状態等となることの予防又は要介護状態等の軽減若しくは悪化の防止に係る体制の整備その他のこれらを促進する事業

六　保健医療及び福祉に関する専門的知識を有する者による認知症の早期における症状の悪化の防止のための支援その他の認知症である又はその疑いのある被保険者に対する総合的な支援を行う事業

第3項　市町村は、介護予防・日常生活支援総合事業及び前項各号に掲げる事業のほか、厚生労働省令で定めるところにより、地域支援事業として、次に掲げる事業を行うことができる。

一　介護給付等に要する費用の適正化のための事業

二　介護方法の指導その他の要介護被保険者を現に介護する者の支援のため必要な事業

三　・・・その他介護保険事業の運営の安定化及び被保険者（住所地特例対象施設に入所等をしている住所地特例適用被保険者を含む。）の地域における自立した日常生活の支援のため必要な事業

第4項　略

第5項　略

（注5）「介護予防・日常生活支援総合事業のガイドライン」厚労省URL参照http://www.mhlw.go.jp/file/05-Shingikai-12301000-Roukenkyoku-Soumuka/0000052670.pdf

（注6）実現本部　2017（平成29）年2月7日「地域共生社会」の実現に向けて（当面の課題）1頁

（注7）前掲書　2頁

（注8）前掲書　2頁

b）「福祉分野におけるパラダイム転換」を明確にした改正社会福祉法

　福祉分野における**パラダイム転換**が、社会福祉法の改正によってもたらされたといわれています。では**パラダイム**、つまり**認識の枠組み（考え方）**が何から何へ転換したのかです。改正前後の同法4条1項を比較すると、地域福祉を推進する際に目指す地域福祉の状態「像」が、**与えられる**状態から**確保される**状態へ転換したことは、説明するまでもなく明らかです。つまり目指す地域福祉の状態像（目標とする枠組み）、認識の枠組み（考え方）が、「Aという枠組み（輪郭）」から「Bという枠組み（輪郭）」へ転換したのです。

　目指す枠組み（輪郭）が変化すれば、その変化した枠組みを構築するためには、「枠の素材」、「素材の組み合わせ類型」、「素材の組み立て方法」を変える必要があります。つまり同法第4条1項の「相互に協力し」という文言が、改正前後で同じであったとしても、**相互協力の在り方**（方法）等を変えなければ目指す地域福祉の状態像（枠組み）を実現することは困難なはずです。社会福祉法の改正によって転換した地域福祉の状態像・認識の枠組みを図にしてみました。

（筆者作成）

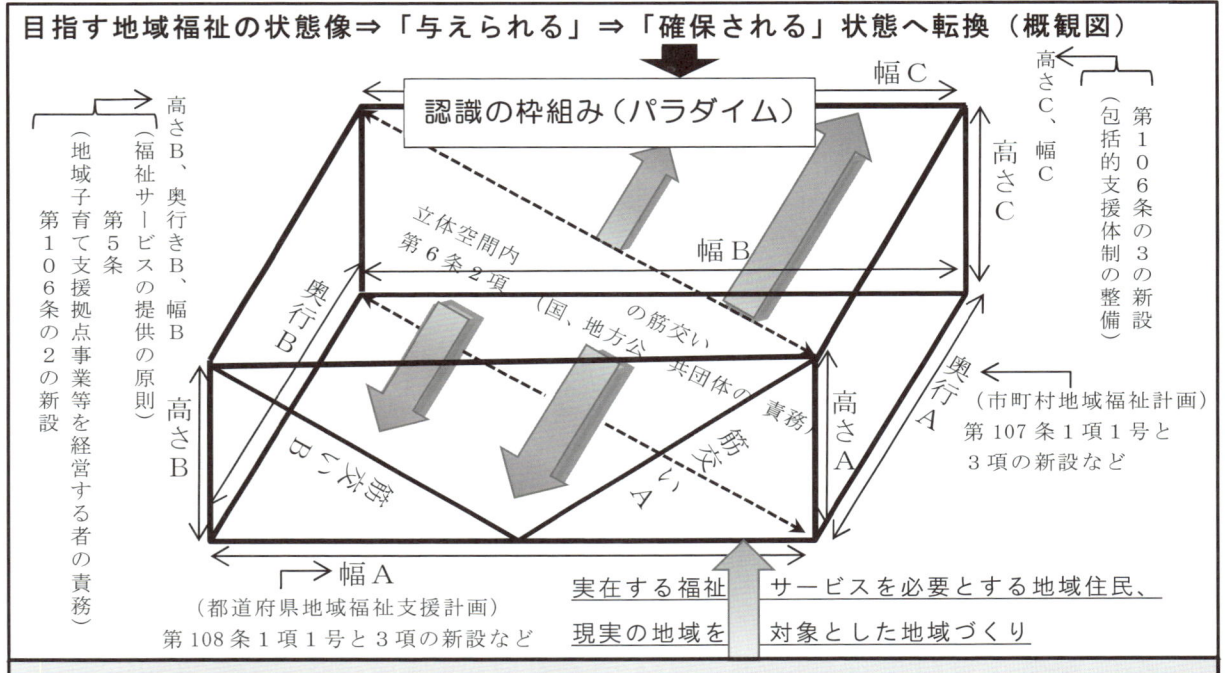

c）地域住民等、社会福祉事業経営者、社会福祉活動者、国および地方公共団体の努力義務

　社会福祉法第1章総則には、「地域福祉の推進」に関する規定があります。第4条1項が「**与えられる**」から「**確保される**」へ改正され、同法**第4条2項**に地域福祉を推進する際の**留意事項**が新設されました。また「**福祉サービスの提供の原則**」を定めた同法**第5条**には、社会福祉事業経営者に対する努力義務として「**地域住民等との連携**」が加わり、さらに同法**第6条2項**には国

及び地方公共団体の努力義務（責務）として「地域住民等が地域生活課題を把握し、支援関係機関との連携等によりその解決を図ることを促進する施策」と「その地域福祉の推進に必要な各般の措置を講ずる」とする規定が新設されました。

このように改正、新設された**第4、第5、第6条**から読み取れることは、地域住民、社会福祉事業経営者、社会福祉活動者、国および地方公共団体の5者が、それぞれの持ち味（**〜にしかできないこと、〜ならできること**）を出し合い、5者の持ち味を重ね合せること（5者にしかできないこと、5者ならできること）によって地域共生社会の実現を目指すこと（規範的統合⇔理念の共有と理念実現に向けた連携）、それが5者共通の努力義務であるということです。これが福祉分野における**パラダイム（認識の枠組）転換**の基底であり、地域共生社の実現には欠かせないことなのです。

特に第6条2項が新設されたことによって、地域福祉の推進に関わる全ての関係者と関係機関（地域住民、社会福祉事業経営者、社会福祉活動者、地方公共団体、国の責務）の足並みがそろいました。改正前の社会福祉法のように地域福祉の推進について、法が地域住民等に対し努力義務を課していただけでは、地域住民が動きだそうとしない地域がありました。

しかし理念を共有し理念実現に向け、国および地方公共団体とりわけ基礎自治体である市区町村が何らか現実的な行動・実践をおこなった地域では、地域住民による新たな取組が生まれています。それらの取組は、既にいくつかの報告書[注9]で公開されています。

このように国、都道府県、市町村の**行動**が、地域共生社会を実現するという**理念実現の旗振り（呼びかけ）**となり地域住民等の**心**に届き、**共感**を呼び、**相互協力（連携）**するという**行為**に結びついているのです。そして、このような**因果関係**が現実にあることが、市区町村における先行事例から読み取れる**事実**なのです。

（注9）鹿児島県社会福祉協議会　見守り・生活支援に係るインフォーマルサポート活動事例集

d）地域福祉計画のPDCAサイクル

さらに重要なことは、同法第107条と第108条に3項が新設されたことです。この二つの規定によって、「市町村（都道府県）は、定期的に、その策定した市町村地域福祉計画（都道府県地域福祉支援計画）について、調査、分析及び評価を行うよう努めるとともに、必要があると認めるときは、当該市町村地域福祉計画（都道府県地域福祉支援計画）を変更**するものとする**」という弱い義務の存在が示されたのです。つまり理念実現に向け**市町村**や**都道府県**は「Plan：計画 → Do：実行 → Check：評価 → Act：改善」という**PDCAの展開**を**原則**とし、**方針とすべきである**こが社会福祉法に規定されたのです。

ここでいうPDCAの「P」とは、地域福祉活動計画または地域福祉支援計画（**Plan**）であること明らかです。ではPDCAの「D」とは何かです。それは改正社会福祉法第6条2項「地域住民等が地域生活課題を把握し、支援関係機関との連携等によりその解決を図ることを促進する施策その他地域福祉の推進のために必要な措置を講ずる（**Do**）」ことです。さらに第106条の3第1項「地域住民等および支援関係機関による、地域福祉の推進のための相互の協力が円滑に行われ、地域生活課題の解決に資する支援が包括的に提供される体制を整備する」こと、これも**Do**すなわち**実行する**こととえいます。

そしてPDCAの「C」とは何かです。それは同法**第107条3項**と**第108条3項**の「市町村地域

福祉計画（都道府県地域福祉支援計画）について、**調査、分析及び評価を行う**」こと、すなわち**Check**です。それは先ほど述べた「**～にしかできない、～ならできること**」です。つまりそれは参考資料で示した我がまちシートの**客観的要素**に該当する部分です。ただし、私たちが今回示した**客観的要素**は「調査」、「分析」の対象、つまり**評価の対象の一部**です。

　されに客観的要素に加えて**評価の対象**となる「物」、「事」で重要な「もの」、「こと」には、地域福祉を推進する主体ともいえる「地域住民、社会福祉事業経営者、社会福祉活動者」の**意識**も、評価の対象になると考えています。「認識の枠組み」の**現状測定**、すなわちパラダイム転換が、どの段階にまで達しているかを測定し、目指すべき認識の枠組みへの転換に必要な新たな措置を講ずる「こと」（PDCAの展開）によって、はじめて国と**地方公共団体**の**責務**が遂行されると考えます。

　この責務が遂行されているか否か、その遂行状態はどのような状態なのか、地域福祉に関する重点課題や基本的な方向についての調査と審議は、社会福祉法第7条では、地方社会福祉審議会へ諮問され、審議会が答申することとなっています。この規定に基づいて地方公共団体は、地域共生社会の実現を基本コンセプトとした福祉改革を進めるために審議会へ諮問し、審議会から答申がなされている自治体があります。

　例えば東京23区内の自治体の中には、次のような答申があります。

は じ め に

　本答申は、新たな視点から今後の○○区における福祉・介護等の基本的な方向性を打ち出すことを念頭に、これまでの当審議会答申と同様、各計画の基本理念と福祉分野の重点課題について論じています。（略）

　国は、「地域共生社会」の実現を基本コンセプトに福祉改革を進めるとし、今後は、高齢期のケアを念頭に置いた概念である「地域包括ケアシステム」を障害者、子ども等への支援や複合課題にも広げた包括的支援体制を構築していくことが必要であるとしています。○○区において、この「地域包括ケアシステム」をどのように分野横断的に広げていくのかは大きな課題であり、当審議会としても、引き続き検討を続けているべき課題であると認識しています。（略）

Ⅱ　地域包括ケアの推進について

1　共生社会の実現に向けて

（略）

　共生社会の実現は、決してたやすくはありませんが、全ての人に生きている価値あり、存在意義があるという意識を一人ひとりが持ち、地域住民がお互いに助け合って暮らしていくことができるような地域づくりに積極的に取組んでいく必要があります。（略）

3　住民同士の支え合いと担い手の確保

（略）

　国が策定した「ニッポン一億総活躍プラン」（平成28年6月）は、介護離職ゼロに向けた取組の方向として、「子供・高齢者・障害者など全ての人々が地域、暮らし、生きがいを共に創り、高めあることができる『地域共生社会』を実現する。このため、支えて側と受け手側に分かれるのではなく、地域のあらゆる住民が役割を持ち、支え合いながら、自分らしく活躍できる地域コミュニティを育成し、福祉などの地域の公的サービスと協働して助け合い

> ながら暮らすことのできる仕組みを構築する」ことが示されています。（略）
>
> ＜施策の基本的方向性＞
>
> 　平成28年7月、厚生労働省に、「我が事・丸ごと」地域共生社会実現本部が設置され、平成29年2月に「『地域共生社会』の実現に向けて（当面の改革工程）」が取りまとめらえました。
>
> 　他人の問題は、いつか私にも起きるかもしれない「我が事」であり、私たちの地域の問題であるという意識をどのように醸成していくか。お互いに支え合い、助け合える地域社会をつくるためには、行政が個々人のニーズの全てを満たすという発想に立つのではなく、地域の問題は、みんなが関わる、みんなの問題なのだという<u>意識を育て、強化していくことが、次期計画の大きなポイント</u>であると考えます。（略）
>
> 　一人でも多くの区民が活動に参加できるような貴重な<u>地域資源をネットワーク化し、有機的につないでいくこと</u>が必要です。（略）そのため、組織の活用やネットワーク化を図り、様々なアプローチにより重層的に支援していくことが必要です。（略）
>
> 　<u>区</u>には、地域に根差いて積極的に活動している人たちが数多くいます。（略）住民会議は、いずれもそれぞれの地域で活動する住民組織であり、地域での見守りなどの福祉的活動の担い手としても今後も期待されます。なお、町会・自治会及び住民会議等の福祉的な活動については、現在、区において進められている地域コミュニティ策の進め方の検討結果を踏まえて考えいく必要があります。（略）（下線　引用者）

　この答申では「ニッポン一億総活躍プラン」（平成28年6月）の文言を引用し、地域資源のネットワーク化、住民組織による福祉活動の担い手に関する措置の必要性などを示しています。その上で「見守りサポーター養成講座」、「認知症サポーター養成講座」、「高齢者生活支援サービスの充実」などの具体的活動を措置として示す場合が見受けられます。

　それ自体は、地域住民を福祉活動の担い手として養成しようとする市町村の措置であり大切なことですが、この措置を後に評価する場合、具体的な措置を実施したか否か、何回実施したか、それに参加した地域住民等の**数を測定**し**評価**する傾向が一般的です。

　その測定値は、あくまでも各措置が実行されたか否か、参加者数が何人増加したのか、減少したのかといった**量的検証**をしただけであり、その測定結果は「地域住民が認識の枠組みを転換（パラダイム転換）」がなされたかのか否かを判断する指標にはなりえないのです。仮に地域住民等の参加者数が前年より20％増加したとの集計結果が出たとしも、その数の増加は、認識の枠組みの転換が進展したことを直接検証した「もの」でも、立証した「もの」でもないのです。

　先の答申には、「意識を育て、強化していくことが、次期計画の大きなポイントである」との記述があります。各措置を実施した結果、「意識が育ったのか」、「強化されたのか」、そして「ニッポン一億総活躍プラン」で言われている「自分らしく活躍できる地域コミュニティを育成」することに各措置がどれだけ効果的であった否かは、「地域コミュニティ」に関する**質的調査**をすること、それが措置の有効性に関する効果測定だといえるのです。

e）地域福祉計画の効果測定と地域づくりの姿

　では、そのような効果測定はどのようにすればよいのかです。それは、東京ガス株式会社　都市生活研究所「地域コミュニティ意識を計測する尺度を開発」（2015年10月）を応用すること

によって可能です。この測定方法は上記研究所と社会心理学の研究者との共同研究によって開発され、「地域コミュニティ意識に関する調査」として練馬区光が丘、大田区田園調布、横浜市和泉町などで2014年10月に実施され、中央区勝どき、武蔵野市吉祥寺北町、多摩ニュータウン、町田市本町田、港北ニュータウンなどで2015年1月に実施されています。

　また**コミュニティカルテ**を用いた**コミュニティ意識調査手法**は、石盛真徳氏（京都光華女子大学准教授）、岡本卓也氏（信州大学准教授）、加藤潤三氏（琉球大学准教授）による共同研究「**コミュニティ意識尺度（短縮版）の開発**」（実験社会心理学研究　第53巻　第1号2013年）によって、その科学性の研究がなされています。

　この研究論文において、「コミュニティ意識尺度短縮版が地域を超えて、一般市民だけでなくNPO会員という質的に異なるサンプルにおいても妥当性を持つことが確認されたといえる」[注10]こととして論証されています。

　今回の社会福祉法改正による地域住民等における認識の枠組み転換（パラダイム転換）の効果を測定するために国及び地方公共団体は、上記の研究成果を導入して自らの措置が認識の枠組み転換に効果があったか否かの質的調査を実施することが、求められているのではないでしょうか。

　それに応えるために地方公共団体の自己点検（PDCAの「Check」）が、社会福祉法によって義務化されました。そして地域共生社会を実現するためには、コミュニティ意識に関する**質的調査結果**を基礎資料とした「地域福祉計画の変更」、「地域福祉の推進のために必要な各般の措置を講ずるよう努める」ことが国及び地方公共団体の責務（努力義務）なのです。それが「我が事・丸ごと」地域共生社会実現本部がいう**福祉分野におけるパラダイム転換**と考えられます。

　つまり法は、認識の枠組み転換（パラダイム転換）の必要性を地域住民等にだけに求められているのではなく、国、都道府県、市町村、地域住民、社会福祉事業経営者、社会福祉活動者全てに対し求めているのです。

　さらに私たち「社会福祉に関する活動を行う者」は、地域共生社会を実現するための黒子ではありません。地域住民と同様に行動する主体なのです。そして私たちは、共に行動しない人等と連携したくても連携することができないのです。一人でも多くの地域住民等が、社会福祉法の改正によって示された「認識の枠組みの転換（パラダイム転換）」し地域づくりに関する意識の質的転換を図り、認識の枠組みの転換（パラダイム転換）による**相互協力**、**連携構造**を創り出し、認識の枠組みの転換（パラダイム転換）に基づく相互協力、連携する**主体が増える**（量的に拡大する）こと、認識の枠組みの転換（パラダイム転換）の下で国と地方公共団体が計画（Plan）、取組（Do）と評価（Check）とより有効な措置（Action）の展開（PDCAサイクル）をすること、この一連の関係性と連関を創り出すことが、上記の5者に対し改正社会福祉法が求めている**地域づくりの姿**といえます。

（注10）石盛真徳、岡本卓也、加藤潤三　共同研究「コミュニティ意識尺度（短縮版）の開発」（実験社会心理学研究　第53巻　第1号27頁）

（4）社会福祉法の分析
①社会福祉法第４条１項の分析

改正前・後の社会福祉法第４条１項を比較してみましょう。

（改正前）社会福祉法第４条１項

　地域住民、社会福祉を目的とする事業を経営する者及び社会福祉に関する活動を行う者は、相互に協力し、福祉サービスを必要とする地域住民が地域を構成する一員として日常生活を営み、社会、経済、文化その他あらゆる分野の活動に参加する機会が与えられるように、地域福祉の推進に努めなければならない。（傍点　引用者）

　改正前の社会福祉法第４条１項は、５つの要素で構成されています。そして５つ目の要素は、５つの要素で成り立っていることが分ります。

（筆者作成）

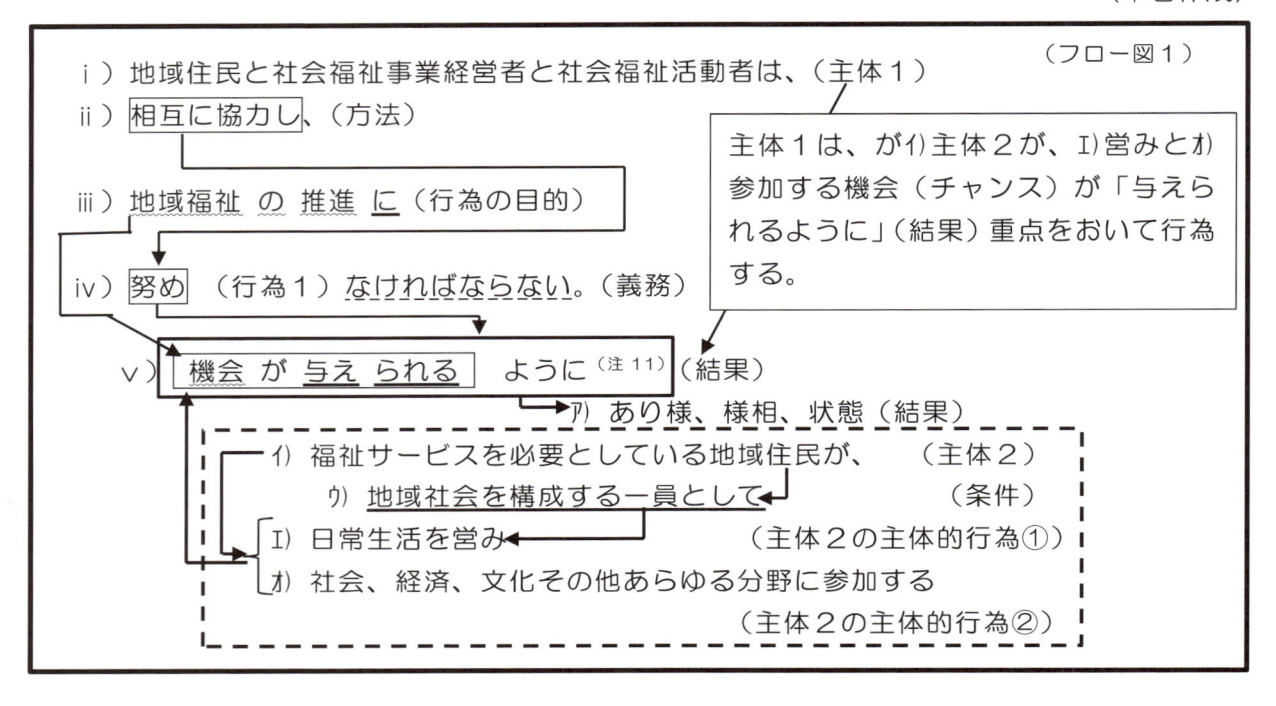

次に改正された社会福祉法第４条１項は、次のように規定されています。

（改正後）社会福祉法第４条１項

　地域住民、社会福祉を目的とする事業を経営する者及び社会福祉に関する活動を行う者（以下「地域住民等」という。）(注12) は、相互に協力し、福祉サービスを必要とする地域住民が地域社会を構成する一員として日常生活を営み、社会、経済、文化その他あらゆる分野の活動に参加する機会が確保される (注13) ように、地域福祉の推進に努めなければならない。

（下線と注書　引用者）

　改正後の社会福祉法第４条１項も、改正前と同様に５つの構成要素から成り立っています。その５つ目の要素は５つの要素によって構成されており、その点は改正前と同様です。

（筆者作成）

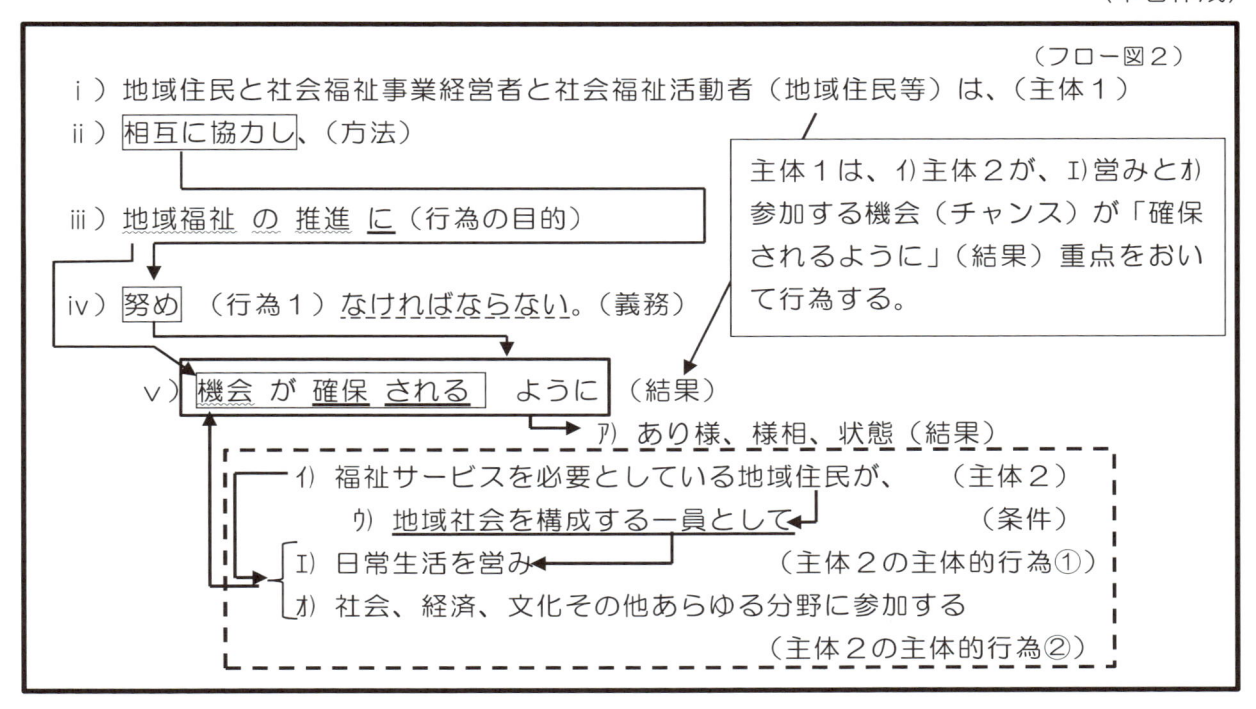

（フロー図２）

　このように社会福祉法４条１項は改正前後では、主体１による地域福祉推進行為の結果が異なっているのです。しかし改正前後であっても、主体１、行為の目的、行為１、方法の表現に関しては何ら変わることありません。

　さらに改正前後では、**地域福祉の推進の結果**が異なっているのです。

　異なる結果とは、**与えられる状態**か、**確保される状態**かの違いです。異なる結果を実現するための方法は「相互に協力し」です。改正前後においてもこの表現は変わらないのですが、**結果が異なれば、結果を実現するための方法**が違うはずで、それが改正社会福祉法第４条２項として新たに設けられたと考えられます。

　つまり認識の枠組みとして「確保」という枠が示され、改正社会福祉法第４条２項によって認識の枠組みを支える筋交いのようなもの（本書63頁参照）が新たに設けられたと考えることができます。このような認識の枠組み転換、それがパラダイム転換なのです。

　そこで「与えられる」と「確保される」の違いは何かについて次で確認してみましょう。

（注11）国際交流基金「文法を楽しく‼　よう（２）」（2013年10月31日）では、「目的（結果）」の「**ように**」ついて次の説明が参考になります。

　　「ように」が目的（結果）を表すので、目的「ために」とどう違うのかという問題がでてきます。次のａｂは、両方とも「大学に入る」という目的で、「一生懸命勉強している」という内容を表しています。

> ａ．大学院に入れるように、一生懸命勉強しています。
> ｂ．大学院に入るために、一生懸命勉強しています。

　「**ように**」と「**ために**」の違いは、一言で言うと、話し手のとらえ方の違いということになります。「**よ**

うに」は、aでは話し手は、「大学院に入る」という**過程や結果に重点**を置いて、「そういう**状態になる（ことができる）ことを願って**（勉強する）という意味になり、bの「**ために**」は、「大学院に入ることを目的として、それだけを目指して、（勉強する）という、**話し手の意志的な積極的な気持ちや姿勢**を表します。」

（注12）この文言は、新たに加わった文言です。

（注13）この文言は、改正前は「与えられる」とされていました。

②**地域住民等の行為の結果：「与えられる」と「確保される」の意味**

　改正前後の社会福祉法第４条１項の「与えられる」は「与える」という動詞の受身表現であり、「確保される」は「確保する」という動詞の受身表現です。

　受動表現は、「動作・作用の主体が、他の何者かに働きかける場合に、動作主、つまり動きの発するところを主役とするのではなく、動きを受けるもの、動きの向かう先を主役として事態を描く表現」[注14]です。

　フロー図１・２から分るように、「与えられる」と「確保される」は、**福祉サービスを必要としている地域住民**が、「与えられる」、「確保される」という**動きを受ける主体**であることが分ります。

　そこで「動き」を受ける主体（福祉サービスを必要としている地域住民）が、どのような「動き」を受けているかです。それは**機会を与える、確保する**という動きです。

　では、誰が**機会を与える**のか、誰が**機会を確保する**のかです。改正後の社会福祉法第４条１項をみると「地域住民と社会福祉経営者と社会福祉活動者（地域生活者等）」が、「機会」を「与える」、「確保する」行為主体であることが分ります。

　ところが改正前の社会福祉法第４条１項からも「機会」を「与える」主体が、「地域住民と社会福祉経営者と社会福祉活動者」と読み取れてしまうのです。そのような解釈が妥当なのか否かです。

　そもそも**与える**という動詞を用いた表現は『仕手（行う人：筆者加筆）Xが、自分の**所有するもの**、ないし自分に**属しているもの**、自分の**支配下にあるもの**（Z）を相手（Y）に向かって**移す**ことを表す表現』[注15]であることが基本的な文型の一つと捉えられています。

　つまり仕手X（地域住民、社会福祉事業経営者、社会福祉活動者）が、自分に属しているもの、自分の支配下にあるもの（Z＝機会）を相手（Y＝福祉サービスを必要とする地域住民）に向かって移すという意味を改正前社会福祉法第４条１項が表現していたと解釈される余地があったと私は考えています。

　このような解釈の余地をなくすためにも今回の社会福祉法第４条１項の改正は、重要な意味を持っていると私は考えています。改正後の社会福祉法第４条１項の**確保されるようにとは、機会（チャンス）**を地域住民と社会福祉事業経営者、社会福祉活動者が**創り出す行為**を想定しているのです。

　そして**機会（チャンス）**とは、イ）福祉サービスを必要としている地域住民が、エ）日常生活を営み、オ）社会、経済、文化その他のあらゆる分野に参加することを意味しているのです。このエ）とオ）は、**基本的人権**[注16]であり、現在および将来の国民に与えられた侵すことのできない**永久の権利**です。

　この基本的人権は、法によって、あるいは国によって、ましてや地域住民等によって与えられ

たものではなく、私たち人間が**生まれながら有する権利**なのです。私たち地域住民等も福祉サービスを必要としている地域住民も、日常生活を営み、社会、経済、文化その他あらゆる分野に参加する**自由**と**権利**が、生まれながら「与えられている」事実は変わらないのです。したがって改正前後の社会福祉法第４条１項で規定された「与えられる」も「確保される」も基本的人権そのもの、あるいは基本的人権の享有という状態は「地域住民等」が「創り出す」ことを意味していないのです。

　では改正社会福祉法第４条１項が「確保される」となったことによって何を表現しているかです。この**「確保される」**は**「確保する」**という**行為**を伝える際に用いられる**他動詞の受け身表現**であること、さらに「確保する」という他動詞は、**「Ａがある状態を手に入れる」**、**「Ａがある状態を可能にする」**、**「Ａがある状態を改善し、その状態を保つ」**といった意味を内包していることは前頁で説明したとおりです。

　つまり「福祉サービスを必要とする地域住民」が「日常生活を営み」、「社会、経済、文化その他あらゆる分野に参加する」という基本的人権を行使できる**機会（チャンス）**を「地域住民と社会福祉経営者と社会福祉活動者（地域住民等）」が**創出**し、**改善**し、あらゆる分野に参加する状態を**保つ**ことを改正社会福祉法第４条第１項が示したと解釈できます。それが「確保されるように」の意味なのです。

（注14）寺村秀夫著・日本語のシンクタスクと意味Ⅰ・くろしお出版・212頁

（注15）寺村秀夫著・前掲書・127頁

（注16）憲法11条【基本的人権の享有】国民は、すべての基本的人権の享有を妨げられない。この憲法が国民に保障する基本的人権は、侵すことのできない永久の権利として、現在及び将来の国民に<u>与へられる</u>。

　　　　憲法12条【自由・権利の保持の責任とその濫用の禁止】この憲法が国民に保障する自由及び権利は、国民の不断の努力によって、<u>これを保持しなければならない</u>。又、国民は、これを濫用してはならいのであって、常に公共の福祉のために<u>これを利用する責任を負ふ</u>。

　　　　憲法13条【個人の尊重・幸福追求権・公共の福祉】すべて国民は、個人として<u>尊重される</u>。<u>生命、自由及び幸福追求</u>に対する<u>国民の権利</u>については、<u>公共の福祉に反しない限り</u>、<u>立法</u>その他の国政の上で、<u>最大の尊重を必要とする</u>。

　　　　憲法14条【法の下の平等、貴族の禁止、栄典】①すべて国民は、法の下に平等であって、人種、信条、性別、社会的身分又は門地により、政治的、経済的又は社会的関係において、<u>差別されない</u>。

　　　　憲法97条【基本的人権の本質】この憲法が日本国民に保障する基本的人権は、人類の多年にわたる<u>自由獲得の努力の結果</u>であって、これらの権利は、過去幾多の試練に堪え、現在及び将来の国民に対し、<u>侵すことのできない永久の権利</u>として<u>信託されたもの</u>である。

（下線と波線　引用者）

③社会福祉法第４条１項に秘められたもう一つの意味（地域住民等の努力義務）

　第４条１項は、「努めなければならない」という**当為**（「～しなければならない」という**規範**）の形式をとった条文です。

　つまり改正社会福祉法第４条１項が定めた**努力義務**に基づいて、私たちは**地域福祉を推進する**ための基礎となる地域診断方法の一つを「我がまちシート」として提示したのです。

そして私たちが福祉分野においてパラダイムを転換し、地域福祉の推進に努めなければならないことは次の二つです。

> ①地域住民、社会福祉を目的とする事業を経営する者、社会福祉に関する活動を行う者と相互協力をすること
> ②福祉サービスを必要とする地域住民が、地域社会を構成する一員として、あらゆる分野に参加する機会が確保されること

　例えば、地域住民等である私たちは、食事、読書、会話、仕事、通院等を日常の「でき事」として生活しています。そのような日常生活が円滑に、時には挫折や悩みながら「できるように」生活しています。そして私たちが暮らす地域には、福祉サービスを必要とする人も暮らしています。福祉サービスを必要としている人と自分とは、食事、読書、会話、仕事、通院等に関する悩みの程度が異なっているに過ぎないのです。だから社会福祉法第4条1項は、福祉サービスを必要とする人の地域生活課題を「我が事」と考えて、地域福祉の推進に努力することが義務ですよ[注17]というメッセージを地域住民等に発信しているのです。

　「地域住民等」である私たちであっても、「福祉サービスを必要とする地域住民」であっても法の下では平等な国民です。そのような国民は、地域社会を構成する一員であり、日常生活を営む権利と、社会、経済、文化、その他あらゆる分野の活動に参加する権利行使する自由があるのです。

　その自由が確保される仕組みが「地域包括ケアシステム」であり、そのような社会が「地域共生社会」です。この社会は、尊厳の保持（基本的人権の確保、保持、立法その他国政の上で最大の尊重）を前提としています。尊厳が保持されている社会の実現を目指し、法は国民と市町村、都道府県、国に対し国民の自由と幸福追求権が活かされる機会（チャンス）を創り出す努力を求めているのです。

> （注17）その一方で、**法は不可能を強いるほど冷酷ではありません。**命令規範にしたがって日常生活をおくることができない人がいることを法は想定しています（これを「期待可能性の理論」といいます）。もちろん努力することすらも不可能な人、ままならない人もいることを法は想定しています。努力する義務、その義務と表裏の関係で責任があります。しかし義務の履行が期待できない状況等や努力したくても努力できない人に対し、法は義務を強いていないのです。それが法における正義の側面です。

❸社会福祉法第5条と第6条に定められた事業者、国、自治体の努力義務

　地域福祉の推進等について努力義務があるのは、地域住民等だけではありません。社会福祉法第5条では社会福祉事業者、同法第6条2項（新設条項）では国及び地方公共団体にも努力義務が明示されています。

> 第5条　社会福祉を目的とする事業を経営する者は、その提供する多様なサービスについて、利用者の意向を十分に尊重し、<u>地域福祉の推進に係る取組を行う他の地域住民等との連携を図り</u>、かつ、保健医療サービスその他の関連するサービスとの有機的な連携を図るよう創意工夫を行いつつ、これを総合的に提供することができるようにその事業の実施に努めなければならない。　（下線　引用者：今回の改正で加わった文言）

　社会福祉法**第5条**にアンダーライン部分が加わることによって、社会福祉を目的とする事業経営者は、保健医療サービス等との**有機的な連携**を**創意工夫**するだけではなく、地域住民等との連携も努力義務となったのです。

　さらに社会福祉法第6条には、2項が新設されました。

> 第6条2項　国及び地方公共団体は、地域住民等が地域生活課題を把握し、支援関係機関との連携等によりその解決を図ることを促進する施策その他地域福祉の推進のために必要な各般の措置を講ずるよう努めなければならない。

　この**第6条2項**は、国及び地方公共団体に対し、次の**3つの前提条件**と**2つの努力義務**を明確にしたのです。

【国・地方公共団体の努力義務の前提条件】
　1）地域住民等が
　2）地域生活課題を把握し、
　3）支援関係団体との連携等により

【国と地方公共団体の努力義務】
　1）地域生活課題の解決を図ることを促進する施策
　2）その他、地域福祉の推進（地域生活課題の把握、支援関係団体との連携等）のために必要な各般の措置

④国が計画実施した地域課題の解決促進施策（努力義務の現実化）

　これらの法改正がなされる前の2016（平成28）年度に厚労省は、地域生活の課題解決を促進する施策を予算化し、自治体に対しモデル事業の実施を働きかけていました。

　その事業とは、「多機関の協働による包括的支援体制構築事業」（図1）です。これが国による努力義務の現実化です。

　2016（平成28）年度に26の自治体が、このモデル事業を実施したのです。厚労省は、その事業実施結果[注18]を踏まえ地域のあらゆる住民が役割を持ち、支え合いながら、自分らしく活躍できる地域コミュニティづくり、そして公的な福祉サービスと協働して助け合いながら暮らすことのできる「**地域共生社会**」の実現[注19]が可能であると判断したのでしょう。2017（平成29）年度においては、「**地域共生社会**」の実現に向けた新たなシステムの構築としての予算を計上し、自治体の取組を促す施策を打ち出したのです。2017年度には90の自治体が、このモデル事業に取組んでいます。

　2016（平成28）年度には、地域福祉のサービスに係る新たなシステムの構築として23億円、その内「多機関の協働による包括的支援体制構築事業」の予算が5.1億円であったものが、2017（平成29）年度には『「**地域共生社会**」の実現に向けた新たなシステムの構築』として240億円の予算事業を計上したのです。その内、『「我が事・丸ごと」の地域づくりの強化に向けた取組の推進』[注20]とし20億円の予算が計上されているのです。

　さらに2017（平成29）年8月31日発表された厚労省2018（平成30）年度予算概算要求[注21]には「地域共生社会」の実現に向けた地域づくりとして287億円、その内、『「我が事・丸ごと」の包括的な支援体制の構築』には34億円が計上されています。

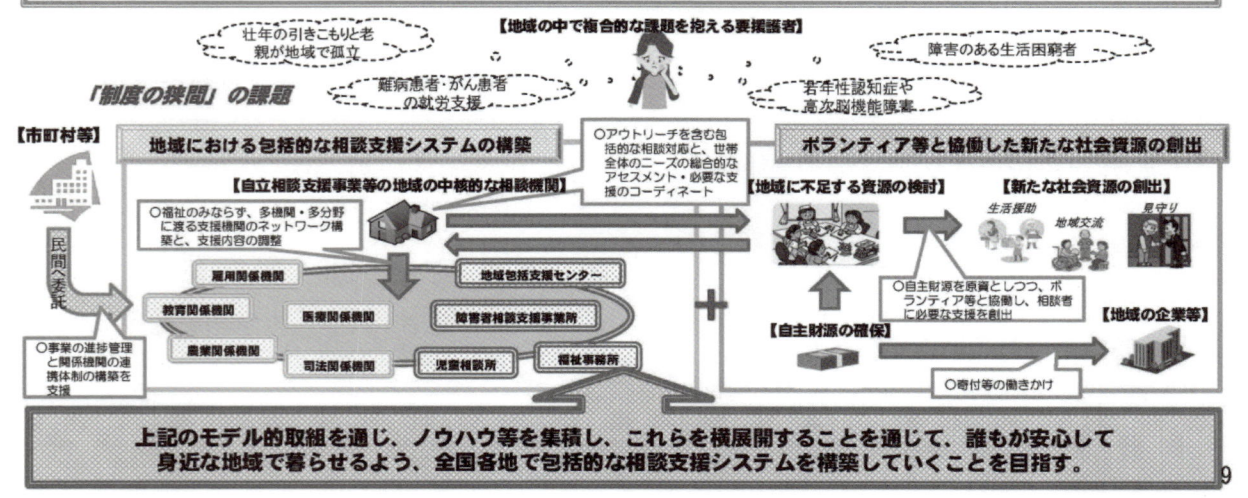

多機関の協働による包括的支援体制構築事業　28'予算案　5億円

○福祉ニーズの多様化・複雑化を踏まえ、単独の相談機関では十分に対応できない、いわゆる「制度の狭間」の課題の解決を図る観点から、複合的な課題を抱える者等に対する包括的な支援システムを構築するとともに、高齢者などのボランティア等と協働し、地域に必要とされる社会資源を創出する取組をモデル的に実施する。
○具体的には、市区町村が実施主体となって、地域の中核となる相談機関を中心に、以下の取組を行う。
　① 相談者が複数の相談機関に行かなくても、複合的な悩みを総合的かつ円滑に相談できる体制を整備するとともに、
　② 相談者本人が抱える課題のみならず、世帯全体が抱える課題を把握し、
　③ 多機関・多分野の関係者が話し合う会議を開催するなど、その抱える課題に応じた支援が包括的に提供されるよう必要な調整を行うほか、
　④ 地域に不足する社会資源の創出を図る。

出典：厚労省2016（平成28）年7月15日「我が事・丸ごと」地域共生社会実現本部 第1回資料2　5頁
http://www.mhlw.go.jp/file/05-Shingikai-12601000-Seisakutoukatsukan-Sanjikanshitsu_Shakaihoshoutantou/0000171017.pdf

　予算規模の大小で判断できませんが「地域生活課題の解決を図ることを促進する施策」に対する厚労省の本気度が推測できます。今後は、モデル事業を実施していない自治体の本気度が試されているといえるでしょう。

　では地域住民等が「多機関の協働による包括的支援体制構築事業」等を実施（地域福祉の推進）する場合、地域住民等は何に留意する必要があるのでしょうか。この留意事項を定めたものが、同法第4条2項なのです。

（注18）社会福祉法人 全国社会福祉協議会 平成28年度 多機関の協働による包括的支援相談体制に関する実践事例集 平成29年3月

（注19）株式会社日本総合研究所が、2017（平成29）年3月に「全世代・全対象型地域包括支援体制の構築に向けた評価指標に関する調査研究」報告書をまとめています。「多機関の協働による包括支援体制構築事業」を実施した26の自治体に対しヒアリング調査とアンケート調査を実施し、「住民の身近な圏域」の単位での住民の主体的な相談を市区町村全体でどのように受け止めているかなどについても分析がなされています。

（注20）「我が事・丸ごと」の地域づくりの強化に向けた取組の推進事業は、『住民に身近な圏域で、他人事を「我が事」に変えていくような働きかけや複合的な課題、世帯の課題を「丸ごと」受け止める場を設けることにより住民が主体的に地域課題を把握し、解決を試みることができる体制を構築する。』というものです。（出典：厚労省 平成29年度予算案の主要事項74頁）

（注21）2016（平成28）年と2019（平成29）年等の予算数値は、厚労省ホームページ「予算および決算・税制の概要」に示されています。

（参照URL http://www.mhlw.go.jp/wp/yosan/yosan/）

⑤ 努力義務を履行する際に留意することを定めた社会福祉法の改正条項

a）地域住民等が地域福祉を推進する際の留意事項

改正社会福祉法第4条には、2項が新たに加わりました。

（新設）社会福祉法第4条2項

　地域住民等は、地域福祉の推進に当たっては、福祉サービスを必要とする地域住民及びその世帯が抱えている福祉、介護、介護予防・・・（略）・・・、保健医療、住まい、就労及び教育に関する課題、福祉サービスを必要とする地域住民の地域からの孤立その他の福祉サービスを必要とする地域住民が日常生活を営み、あらゆる分野の活動に参加する<u>機会が確保される上での各般の課題（以下「地域生活課題」という。）を把握し、地域生活課題の解決に資する支援を行う関係機関（以下「支援関係機関」という。）との連携によりその解決を図るよう特に留意するものとする。</u>　　（下線　引用者）

　この規定（「・・・特に留意するものとする。」）は、私たち地域住民等に対し、次のことに留意することを求め促しているのです。

【留意すること】

　　　1-1）地域福祉を推進する際には、地域生活課題を把握する

　　　1-2）地域生活課題解決支援関係団体と連携する

　　　1-3）連携によって地域生活課題の解決を図る

【どのような地域課題に留意するのかについて】

　　　2-1）福祉サービスを必要としている地域住民と**その世帯**

　　　2-2）「2-1」が抱えている福祉、介護、介護予防、健康医療、**住まい**、**就労**、**教育**

　　　2-3）福祉サービスを必要としている地域住民の**地域からの孤立**

　　　2-4）福祉サービスを必要としている地域住民が日常生活を営み、あらゆる分野の活動に参加する**機会の確保**

　社会福祉法は、地域住民等だけに地域福祉を推進する際に留意ことを求め促しているわけではありません。市町村に対し地域福祉を推進する際に求めている事項があります。この点については、（2）改正社会福祉法に現れた「我が事・丸ごと」で説明します。

b）「我が事・まるごと」の基本的な考え方と改正社会福祉法との関係

　例えば、「福祉サービスを必要とする地域住民が地域を構成する一員として日常生活を営み、何らかの活動に参加する機会を確保できるようにしたい」と私たちが考え、地域福祉を推進しようと行動する場合、実現本部と改正社会福祉法は、どのような行動と解決策を想定しているかです。

　実現本部資料1の4頁「（地域を基盤とした包括的支援体制を構築する）」の一節が、社会福祉

法第4条2項、第5条、第6条2項に反映されたと推察できます。

その一節とは、「地域を基礎として、住民、保健福祉の関係者、行政が一体となって取り組むことではじめて、人々の多様な課題に応える包括的支援体制を構築していくことができる」です。

この考え方が、改正社会福祉法の下記規定に反映しているといえます。

ア）（地域住民等）地域生活課題把握、関係機関連携（社会福祉法第4条2項）

イ）（社会福祉事業者）地域住民等との連携（同法第5条）

ウ）（国及び地方公共団体）地域生活課題把握促進施策、課題解決策促進施策・措置（同法第6条2項）

さらに実現本部の上記文章と同じ節2段落目には「**地域づくり**の取組は、地域における**住民相互のつながりを再構築すること**で、生活に困難を抱える方へのあらゆる支援の土台をつくるためのものであるが、これにより、**市町村や公的支援の役割が縮小するものではない。**」との記述があります。

この「市町村の役割」が同法第106条の3第1項に明示されました。その役割とは、

ア）地域福祉活動参加支援、地域住民等の交流拠点整備、地域住民等研修、環境整備

イ）地域住民等による相談・情報提供・助言、支援関係機関との協力体制整備

ウ）地域生活課題解決支援に資する一体的・計画的体制整備

さらに「厚生労働大臣」には、第106条の3第2項で、「適切かつ有効な実施を図るため必要な指針を公表」することが役割として示されたのです。

地域福祉の推進は、**地域診断**あるいは**地域アセスメント**をすることから始まります。その際には、地域の人口、高齢者数、障害児・者数、生活困窮者数および時間の経過と共に、それらの**数値**がどのように**推移**するのか、社会資源情報などの**客観的要素**が重要な情報となります。

そして福祉サービスを必要としている地域住民が感じている**地域生活課題**だけではなく、地域生活者が感じている**地域の利点**といった**主観的要素**も地域診断（地域アセスメント）の重要な情報となるはずです。

そのような地域の客観的情報（要素）と主観的情報（要素）から地域を知り、自分たちの地域をどうしたいのか、自分は何ができるかを考えることによって、はじめて地域住民等による地域福祉の推進が可能となると私たちは考えています。

なぜならば地域住民等は、**地域コミュニティ育成**の活動主体でもあり、地域福祉を推進する**努力義務の主体**でもあるからです。このことが、福祉分野の**パラダイム転換**だと私たちは解釈しています。社会福祉法第4条1項と2項は、私たち地域住民等に地域福祉のあり方に関するパラダイム転換を求め、そして地域福祉を推進する主体となることも私たちに求めているといえるのです。

ところが地域づくりのために欠かせない客観的要素を、地域住民等が、十分に把握することは困難です。そのために厚労省は、『**地域包括ケア「見える化システム」**』（以下、「見える化システム」という。）』を作成し、行政だけではなく地域住民等も利用することが可能となっています。

しかし、「見える化システム」には、行政が「日常生活圏域」を定めたうえに、その圏域内の客観的要素である人口、高齢者数、それらの将来推計値等が入っていないため改善、改良の余地があります。今後、地域づくりの協働者である地域生活者等が有効活用できる、そのような改善が必要であると考えています。

　自治体と国は、社会福祉法第４条１項で定めた地域住民等による地域福祉の推進が円滑になるように、改正社会福祉法第106条の３に基づき「見える化システム」の更なる改善と有効活用できるために改良をすることが必要なのです（2018年３月現在）。つまり「多機関の協働による包括的支援体制構築」に向けての行政の本気度が試されているのです。それを主権者である私たち、被保険者（介護保険の一方契約者）でもある私たち、そして地域福祉を推進する役割を担っている私たち地域住民等は、注視しているのです。

（5）改正社会福祉法と厚生労働大臣の指針に現れた「我が事・丸ごと」
①社会福祉法第106条の３にから読み取れる「我が事・丸ごと」
　今回の「地域包括ケアシステム強化法案」が可決・成立したことによって、社会福祉法第106条の３が加わりました。その規定は、次の通りです。

（包括的な支援体制の整備）

第106条の３　市町村は、次に掲げる事業の実施その他の各般の措置を通じ、地域住民等及び支援関係機関による、地域福祉の推進のための相互の協力が円滑に行われ、地域生活課題の解決に資する支援が包括的に提供される体制を整備するよう努めるものとする。

　一　地域福祉に関する活動への地域住民の参加を促す活動を行う者に対する支援、地域住民等が相互に交流を図ることができる拠点の整備、地域住民等に対する研修の実施その他の地域住民等が地域福祉を推進するために必要な環境の整備に関する事業

　二　地域住民等が自ら他の地域住民が抱える地域生活課題に関する相談に応じ、必要な情報の提供及び助言を行い、必要に応じて、支援関係機関に対し、協力を求めることができる体制の整備に関する事業

　三　生活困窮者自立支援法第２条第２項に規定する生活困窮者自立相談支援事業を行う者その他の支援関係機関が、地域生活課題を解決するために、相互の有機的な連携の下、その解決に資する支援を一体的かつ計画的に行う体制の整備に関する事業

　２　厚生労働大臣は、前項各号に掲げる事業に関して、その適切かつ有効な実施を図るため必要な指針を公表するものとする。

　この社会福祉法**第106条の３**が新設されたことにより、市町村には福祉サービスを必要としている地域住民の地域生活課題を我が事・丸ごと支援するための体制整備（人材育成、相談体制、サービス提供体制）が求められることとなったのです。

　76頁でも述べていますが第106条の３第１項は、市町村に対し地域住民等が地域生活課題の解決に資する支援を包括的に提供される体制を整備するように努めてくださいと求めているのです。

　さらに同法同条第２項は、厚生労働大臣に対し、その適切かつ有効な実施を図るため必要な指針を公表」してくださいと求めているのです。

②厚労省が示した「我が事・丸ごと」

　地域包括ケアシステム強化法案が可決、成立する前年の2016（平成28）年7月15日に厚労省から「地域包括ケアの深化・地域共生社会の実現」が発出されました。さらに2017（平成29）年2月7日には、「地域共生社会」の実現に向けて（当面の課題）が発出されました。

　2017（平成29）年2月7日に実現本部が決定した「地域共生社会」の実現に向けて（当面の改革工程）【概要】には、厚労省が決定した指針が図示されています（図2参照）。

（図2）

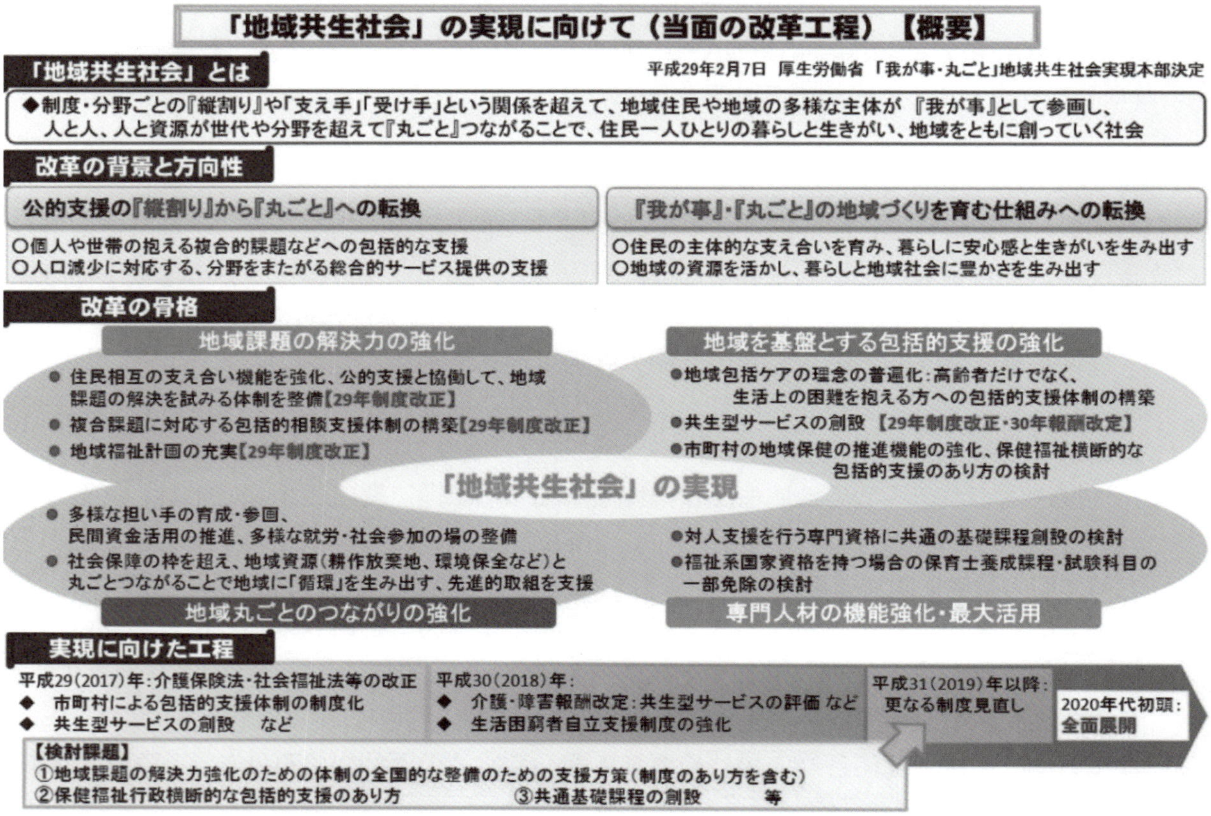

「地域共生社会」の実現に向けて（当面の改革工程）【概要】

出典：厚労省政策統括官付社会保障担当参事官室 2017（平成29）年2月7日報道発表資料
http://www.mhlw.go.jp/file/04-Houdouhappyou-12601000-Seisakutoukatsukan-Sanjikanshitsu_Shakai
hoshoutantou/0000150632.pdf

　この資料が発表される前、2016（平成28）年7月15日には実現本部が「地域共生社会」実現の全体イメージ（図3参照）、地域における住民主体の課題解決・包括的な相談支援体制のイメージ①②（図4・5参照）、今後の進め方イメージ（たたき台）（図6参照）が示されています。各図の簡単な説明は、次で説明します。

（図3）

「地域共生社会」実現の全体像イメージ（たたき台）

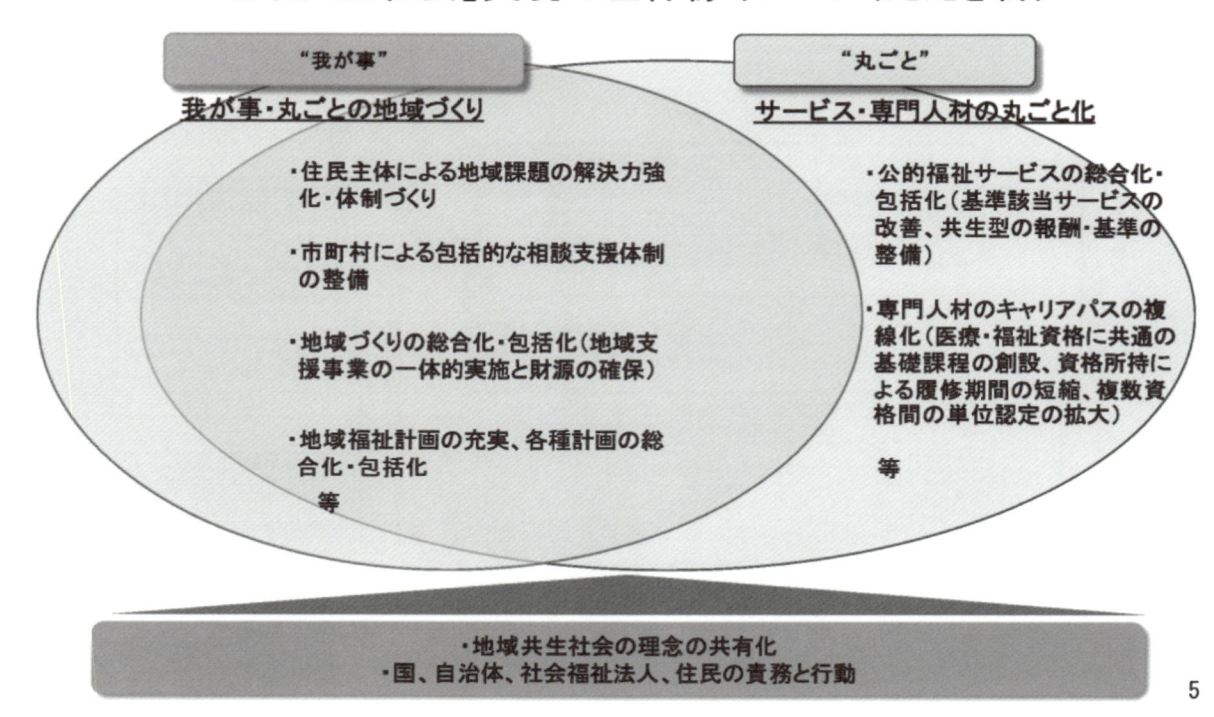

出典：厚労省　平成28年7月15日「我が事・丸ごと」地域共生社会実現本部第1回資料2　5頁
http://www.mhlw.go.jp/file/05-Shingikai-12601000-Seisakutoukatsukan-Sanjikanshitsu_Shakaihoshou
tantou/0000171017.pdf

（図4）

地域における住民主体の課題解決・包括的な相談支援体制のイメージ①

小中学校区

地域における住民主体の課題解決

○住民に近い圏域で、
・ 制度や分野にとらわれない地域課題の把握
・ 住民団体等によるインフォーマル活動への支援、
・ 公的な相談支援機関へのつなぎや、課題の共有を担うコーディネート機能
など地域課題の解決に向けた体制

市町村

包括的・総合的な相談支援体制の確立

○相談者本人のみならず、育児、介護、障害、貧困など相談者が属する世帯全体の複
　合化、複雑化したニーズを的確に捉え、分野別の相談支援体制と連動して対応する
　体制

出典：厚労省　平成28年7月15日「我が事・丸ごと」地域共生社会実現本部第1回資料2　7頁
http://www.mhlw.go.jp/file/05-Shingikai-12601000-Seisakutoukatsukan-Sanjikanshitsu_Shakaihoshou
tantou/0000171017.pdf

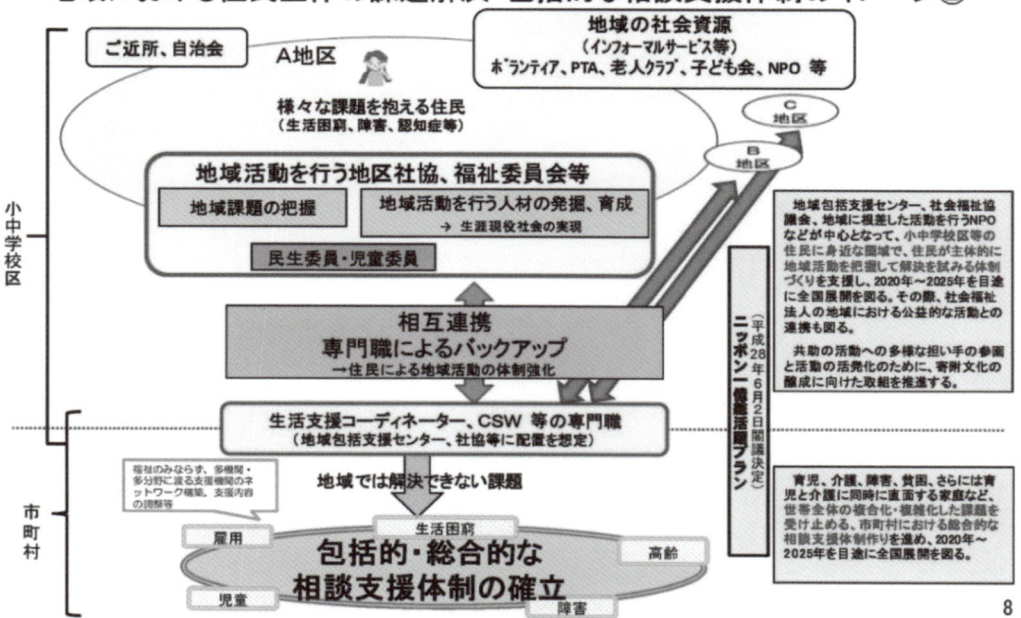

出典：厚労省　平成 28 年 7 月 15 日「我が事・丸ごと」地域共生社会実現本部第 1 回資料 2　8 頁
http://www.mhlw.go.jp/file/05-Shingikai-12601000-Seisakutoukatsukan-Sanjikanshitsu_Shakaihoshou
tantou/0000171017.pdf

　　このようなイメージを実現するためのスケジュールを2016年7月17日に厚労省は示していま
す（図6参照）。

（図6）

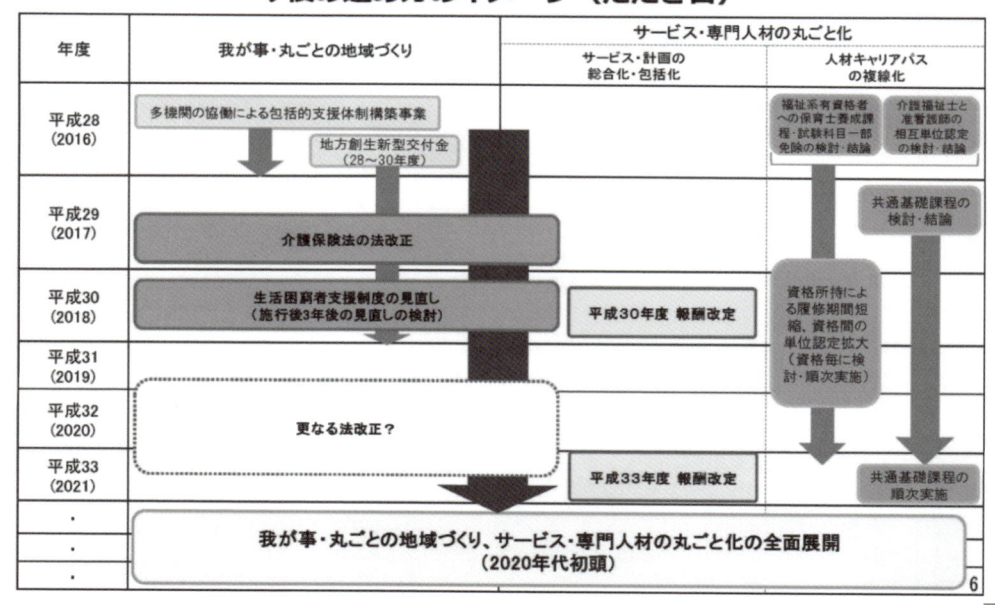

出典：厚労省　平成 28 年 7 月 15 日「我が事・丸ごと」地域共生社会実現本部第 1 回資料 2　6 頁
http://www.mhlw.go.jp/file/05-Shingikai-12601000-Seisakutoukatsukan-Sanjikanshitsu_Shakaihoshou
tantou/0000171017.pdf

（6）実現本部がイメージしている地域共生社会、実現に向けての4つの柱と工程

　2017（平成29）年2月7日に実現本部が決定した『「地域共生社会」の実現に向けて（当面の改革工程）【概要】』（図1参照）には、**地域共生社会の概念、改革の背景と方向性、改革の骨格、地域共生社会の実現に向けた工程、今後の検討課題**が1枚にまとめられています。地域共生社会の実現に向けて、特に重要と思われる部分を確認します。

a）**地域共生社会**の定義

　「地域共生社会」とは、制度・分野ごとの『縦割り』や「支え手」「受け手」という関係を超えて、地域住民や地域の多様な主体が『我が事』として参画し、人と人、人と資源が世代や分野を超えて『丸ごと』つながることで、住民一人ひとりの暮らしと生きがい、地域をともに創っていく社会

---

b）地域共生社会を実現するための**改革の柱**

　1．地域課題の解決強化
　2．地域丸ごとのつながり強化
　3．地域を基盤とする包括的支援の強化
　4．専門人材の機能強化・最大活用

　この4つの柱が相互に重なり合い、**一体的に改革が進むこと**によって地域における「我が事」・「丸ごと」の地域づくりが進み、**地域共生社会**が実現すると厚労省は考えています。

　一体的な改革として2017（平成29）年度には、「住民相互の支え合い機能の強化、公的支援と協働して、地域課題の解決を試みる体制整備【29年度制度改正】」、「複合課題に対応する包括的相談体制の構築【29年度制度改正】」、「共生型サービスの創設【29年度制度改正・30年度制度改正】」に取組ための予算を計上しています。

　今後の改革の実現に向け、2017（平成29）年7月7日に政策統括官（総合政策担当）付社会保障担当参事官室に「新たな支え合い・分かち合いの仕組み構築に向けた研究会」が立ち上がりました。第1回研究会では「それぞれの地域の特徴を活かし、新たな支え合い・分かち合いの「心」と「仕組み」を柔軟に組み合わせた「地域共生社会」を構築することが肝要である」とした研究会の主旨が示されています。

c）実現に向けた工程

　2017（平成29）年5月26日には、地域包括ケアシステム強化法案が可決、成立し、市町村に包括的支援体制が制度化され、共生型サービスが創設されました。そして2018（平成30）年には、共生型サービスの評価を踏まえ、**介護報酬改定**と**障害報酬改定**、そして**診療報酬改定**も行われました。さらに**生活困窮者自立支援制度の見直し（強化）**も実施されます。

　そして2019（平成31）年には、地域課題の解決力強化のための体制の全国的な整備のための支援方策、**保健福祉行政横断的な包括的支援のあり方**等の議論を踏まえた更なる制度の見直しが予定されています。それと共に**消費税見直し**に関する議論も本格化します。

　このような改革が進行する中で、厚労省は2017（平成29）年2月7日に『「我が事・丸ごと」地域共生社会実現本部』決定として、「地域共生社会」を実現に向けて（当面の改革工程）を私

たち国民に示したのです。

　そこには団塊の世代が全て75歳以上となる今から８年後の2025年に、「地域包括ケアシステムを構築するのだ」という強い意志が込められています。厚労省は、私たち国民に対し、2025年までには「地域包括ケアシステムが深化」した仕組みと「地域共生社会」の構築するという未来図（将来像、ビジョン）を示したのです。

　そして、この未来図（将来像、ビジョン）をどのような道筋で作りあげていくのかは、その圏域の地域特性と地域福祉を推進する者の創意工夫にかかっているのです。

（７）他の施策相互の関係

　「地域包ケアシステムの構築と深化」、さらに「地域共生社会の実現」は、我が国の厚生労働政策の重要なテーマです。このテーマにつながる議論と施策との関係は、下記の報告書等から私たちは確認することが可能です。

　ⅰ）「社会保障制度改革国民会議報告書」（2013年８月６日）

　ⅱ）「保健医療2035年提言書」（2015年６月９日厚労省・「保健医療2035」政策懇談会

　ⅲ）「誰もが支え合う地域の構築に受けた福祉サービスの実現」（2015年９月17日厚労省・新たな福祉サービスのシステム等のあり方検討プロジェクトチーム）

　ⅳ）「経済財政運営と改革の基本方針2016〜600兆円経済への道筋〜」、いわゆる「骨太方針2016」（2016年６月２日閣議決定）

　ⅴ）「ニッポン一億総活躍プラン」（2016年６月２日閣議決定）

　ⅵ）第１回「我が事・丸ごと」地域共生社会実現本部資料（2016年７月15日）

　ⅶ）『「地域共生社会」の実現に向けて（当面の改革工程）』（2019年２月７日「我が事・丸ごと」地域共生社会実現本部）

　ⅷ）「地域における住民主体の課題解決力強化・相談支援体制の在り方に関する検討会（地域力強化検討会）」中間とりまとめ（2016年12月26日）及び最終取りまとめ案（2017年７月26日）

　ⅸ）「新たな支え合い・分かち合いの仕組みの構築に向けた研究会」最終とりまとめ（2017年９月12日）

　ⅹ）「地域包括ケア研究会　報告書」（2017年３月）

　これらの検討会、研究会の議論を踏まえ、そして私たちが生活している地域の「まちづくり・地域づくり」を進めていく必要があると私は考えています。

　特にⅸ）の研究会は、『現在の社会保障等の機能を検証すると同時に住宅、まちづくり、ICTなど社会保障等と関わりの深い政策分野も視野に入れ、それぞれの地域の特徴を活かし、新た支え合い・分かち合いの「心」と「仕組み」を柔軟に組み合わせた「地域共生社会」を構築する』[注22]ための研究会です。今後新たに発足するであろう研究会の検討を注視しつつ、地域づくりを推進する必要があります。

（注22）厚労省「新たな支え合い・分かち合いの仕組みの構築に向けた研究会」開催要綱　2017年７月10日

（８）「我が事・丸ごと」地域共生社会を実現するための地域づくりに向けての政策

　2017（平成29）年７月26日に出された「地域における住民主体の課題解決力強化・相談支

援体制の在り方に関する検討会（地域力強化検討会）」最終取りまとめ案（以下、「地域力強化検討会最終取りまとめ案」という。）で、「地域づくりの方向性」と『他人事を「我が事」に変えていくような働きかけをする機能（第106条の3第1項1号関係）』の部分に、今回の私たちが取組んでいる地域診断の根底にある考え方と同様な考え方が示されていますので、紹介します。

①地域力強化検討会最終とりまとめ「地域づくりの方向性」と本書の考え方との類似性

　本書の考え方は、2017年9月12日に開催された第10回地域力強化検討会最終とりまとめ7頁に示されている次の内容と類似しています。

　①『地域づくりの方向性 ・・・**「一人の課題から」、地域住民と関係機関（専門職）が一緒になって解決するプロセスを繰り返して気づきと学びが促進される**ことで、一人ひとりを支えることができる**地域づくり**』[注23] に取組むこと。

　②『**本人や世帯**を、「制度」の枠組みから見るのではなく、本人や世帯が抱える様々な困りごとのみならず、生きる希望といった**強み**や**思い**を引き出しながら必要な支援を考えていくことが必要である。本人や世帯の「**くらし**」と「**しごと**」を「**丸ごと**」支えていくことと、それを地域づくりとして行っていくことが今後の福祉政策の中で重要である。』[注24]

　本書の**我がまちシート**は、一人の課題から地域住民と地域包括支援センターの職員（専門職）が一緒になって解決するプロセスを記録する書式です。さらに地域生活課題だけではなく、**地域の強みや思いを見出すための書式**でもあります。

（注23）厚労省「地域における住民主体の課題解決力強化・相談支援体制の在り方に関する検討会（地域力強化検討会）最終取りまとめ」7頁（2017（平成29）年9月12日）

（注24）前掲書　8頁

②地域力強化検討会最終報告書『他人事を「我が事」に変えていくような働きかけをする機能』と本書の考え方との類似性

　先に示した第10回地域力強化検討会最終取りまとめには、次のような記述があります。

○ ・・・「このようなまちをつくりたい」といった参加者の夢や願を知ったり、地域生活課題に新たに気づくとともに、それらに対して「自分ならばこのようなことができる」といった発想を持って、実際に、それが実行されていくことで、成功体験が積み重ねなられていく。

○ ・・・分野を超えた協働を進めたりそうした分野を超えた協働を進めていく役割を果たす人を地域の中から多く見つけて、つながっていくことも大切である。

出典：厚労省「地域における住民主体の課題解決力強化・相談支援体制の在り方に関する検討会（地域力強化検討会）第10回資料「地域力強化検討会最終取りまとめ」11頁
http://www.mhlw.go.jp/file/05-Shingikai-12201000-Shakaiengokyokushougaihokenfukushibu-Kikakuka/0000175293.pdf

　本書は、参考資料で示した我がまちシートを活用し、地域住民等と地域づくり活動を実践している者からの聞き取りを通じて、地域住民等が主体となった地域づくり活動へと結びつけるものです。

特に、「このようなまちをつくりたい」、「自分ならばこのようなことができる」という想いがあっても、なかなか地域活動に参加できない人、あるいは参加の機会を探している人など、いわゆる**サイレント・マジョリティ**^(注25)を**掘り起し**、地域づくりを進めるための取組です。

（注25）**サイレント・マジョリティ**とは、『**「静かなる多数派」**という意味の言葉。有権者の多くは強く意見を表明することはあまりないから無視してしまいがちであるが、注意深く耳を傾けるべきであるという含みを持つ。これは、マスコミがしばしば注目する強い主張を持った評論家のような少数の論者たちとは異なり、おおむね穏健で保守的な考え方を持つ場合が多いので、**識者やオピニオン・リーダーの見解とは必ずしも一致しない。**』（ブリタニカ国際大百科事典 小項目事典）

最後に秋元康氏の作詞で、欅坂46が歌う「サイレントマジョリティー」の一節を紹介します。

君は君らしく生きていく自由があるんだ 大人たちに支配されるな 初めからそうあきらめてしまったら 僕らは何のために生まれたのか 夢を見ることは時には孤独にもなるよ 誰もいない道を進むんだ この世界は群れていても始まらない YES でいいのか？ サイレントマジョリティー	君は君らしくやりたいことだけをやる だけさ One of them に成り下がるな 自分の夢の方に歩けばいい 見栄やプライドの鎖に繋がれたような つまらない大人は置いて行け さあ未来は君たちのためにある No！と言いなよ！ サイレントマジョリティー

出典：「サイレントマジョリティー」歌詞（歌：欅坂46　作詞：秋元康　作曲：バグベア）

（加藤　昌之）

おわりに

本書のおわりに、委員がヒアリング先で伺った地域のみなさんからの印象に残った言葉をその言葉を聞いた委員の感想とともに紹介します。地域づくりを行ううえで大切にしていきたいと思っています。

地域住民

> 無関心の関心でいてもらいたいの。

> 住んでいることは知っていてほしい。けれど積極的な近所づきあいは望まないというのが言葉の趣旨です。「個」を大切にするライフスタイルの方の1つの思いを知ることが出来たように感じました。

委員

地域住民

> 喫茶店がつぶれてしまって困ってる。喫茶店がなくなったら、みんなが集まる場所がなくなっちゃうじゃないか！

> 困っていることは？の問いに答えてのことば。コミュニティは、本来地域に住む人が自然に作るものと教わりました。

委員

地域住民

> 遠くに住んでいる娘二人が協力的なので安心。

> 安心なことは？の問いに答えてのことば。娘二人が離れている不安でなく、遠方にいてくれる安心を語ったことから、ひとりで暮していても安心な状況であることが伺われました。

委員

> このまちが好きで、このまちに恩返ししたかった。
> ボランティアは、スタートした時からいる方が大半。
> それは知り合いづてに声掛けをするから価値観が合う。
> やめていかないのは自慢。
> 活動をきっかけとした人との繋がりが財産。
> 我々の活動が国分寺に貢献できれば嬉しい。

地域住民

> 大好きなまちをよりよくしていきたいという強い思いが人を動かし、地域を動かしていくのだと実感したコメントでした。

委員

> 皆が助けあう地域＝住みやすい地域になればと思うよ

地域住民

> 住んでいる地域の方が想っている地域を
> 地域住民と共に作って行きたい！

委員

お手上げを万歳にする地域の力

　平成18年に地域包括支援センターが始まってから早12年の歳月が流れました。

　この間、私たちは、「包括的継続的ケアマネジメント」「ネットワーク形成」「地域連携」「多職種協働」そして「地域包括ケアシステム」の構築。と走り回りながら、何かを生み出そうとして必死にもがいてきました。

　今回、東社協のネットワーク委員会で、「我がまちシート」を使って地域の方々の生の声を聴く機会をもうけましたが、やっとそこで気づくことができたことがあります。私たち地域包括支

援センター自身が何かを生み出したり、ネットワークを作るのではなく、その地域にはすでに、自らの力で手を取り合ってつながり、明日に向かって歩みだしている数多くの人々がいるという事実でした。

　「生活支援コーディネーター」「在宅療養相談窓口」「認知症初期集中支援チーム」などなど次から次へと落下してくる新しい仕事にお手上げになりそうだった私たちは、力強い地域の方々と出会うことができて、ひび割れた大地に立ち尽くしていたような気持ちは吹っ飛びました。明日から、今日から、地域の方々と一緒に明るい未来を創っていきましょう。

（清野　哲男）

参考資料

市町村：			
客観的要素	現状（20　　年）		
	地区人口		
	高齢者人口		
	前期高齢者		
	後期高齢者		
	単身高齢者		
	介護認定率		
主観的要素	現状（20　　年）		将来（5年後、10年後の地域）
	＜不安＞		＜安心＞
	＜不便＞		＜便利＞
	＜不足＞		＜満足＞

支援センターのネットワーク委員会名簿

所　　　属	氏　名	備　　考
府中市地域包括支援センターあさひ苑	清野　哲男	支援センターのネットワーク委員会委員長
東村山市北部地域包括支援センター	鈴木　博之	センター副分科会長
小平市地域包括支援センター小川ホーム	小林　美穂	支援センター分会長
千代田区立高齢者総合サポートセンター（神田地区担当）	金井　英明	
国分寺地域包括支援センターほんだ	山本　康智	
たいとう地域包括支援センター	向坂　修也	
足立区基幹地域包括支援センター	和田　忍	
町田市町田第３高齢者支援センター	後藤　信義	
一般社団法人　町田市介護サービスネットワーク	沼田　裕樹	委員長推薦
帝京平成大学	高瀬　幸子	委員長推薦
公立大学法人　高崎経済大学	加藤　昌之	委員長推薦
清瀬市健康福祉部地域包括ケア推進課福祉総務係	上垣　真人	委員長推薦

（2018 年 3 月現在）

ネットワークづくりのためのヒント集2
地域包括支援センターが織りなすネットワーク

東社協 東京都高齢者福祉施設協議会 支援センターのネットワーク委員会では、地域包括支援センター・在宅介護支援センターが構築するネットワークに焦点をあて、各支援センターへヒアリングを実施してきました。 平成23年に発行しご好評をいただきました第一弾のヒント集に続き、その後のヒアリングを通してみえてきたネットワークの類型、構築のプロセス等について本書にまとめました。

◆お問い合わせ・お申込み◆

東京都社会福祉協議会　図書係
〒162-8953　東京都新宿区神楽河岸1-1
TEL 03(3268)7185　FAX 03(3268)7433
ホームページからご注文ができます！ http://www.tcsw.tvac.or.jp/
「ふくしの本」の目次・概要等も掲載しておりますのでご覧下さい。
東社協メールマガジンも配信中！！この機会にご登録下さい。

A4判／61頁
600円
（＋税・送料別）

○●申込書●○

☆本申込書を切り取らずにFAXにてお送りください。

施設・団体機関名		担当者	
送付先住所	〒	TEL	
連絡先住所	〒　　※個人で申込みの方はご自宅の住所をご記入下さい。	TEL	
申込内容	ネットワークづくりのためのヒント集2　地域包括支援センターが織りなすネットワーク		部
通信欄			

＊見積書をご希望のお客様は、通信欄にその旨ご記入ください。